T0129585

essentials

essentials liefern aktuelles Wissen in konzentrierter Form. Die Essenz dessen, worauf es als „State-of-the-Art" in der gegenwärtigen Fachdiskussion oder in der Praxis ankommt. *essentials* informieren schnell, unkompliziert und verständlich

- als Einführung in ein aktuelles Thema aus Ihrem Fachgebiet
- als Einstieg in ein für Sie noch unbekanntes Themenfeld
- als Einblick, um zum Thema mitreden zu können

Die Bücher in elektronischer und gedruckter Form bringen das Fachwissen von Springerautor*innen kompakt zur Darstellung. Sie sind besonders für die Nutzung als eBook auf Tablet-PCs, eBook-Readern und Smartphones geeignet. *essentials* sind Wissensbausteine aus den Wirtschafts-, Sozial- und Geisteswissenschaften, aus Technik und Naturwissenschaften sowie aus Medizin, Psychologie und Gesundheitsberufen. Von renommierten Autor*innen aller Springer-Verlagsmarken.

Anett Sass

Die digitale Transformation in der Filmindustrie

Ein praxistheoretischer Leitfaden für „Macher"

Unter der Mitwirkung von Alexander Thul und René Jamm

 Springer VS

Anett Sass
Hochschule Fresenius
Hamburg, Deutschland

ISSN 2197-6708   ISSN 2197-6716   (electronic)
essentials
ISBN 978-3-658-43257-7   ISBN 978-3-658-43258-4   (eBook)
https://doi.org/10.1007/978-3-658-43258-4

Die Deutsche Nationalbibliothek verzeichnet diese Publikation in der Deutschen Nationalbibliografie; detaillierte bibliografische Daten sind im Internet über http://dnb.d-nb.de abrufbar.

Planung/Lektorat: Barbara Emig-Roller
Springer VS ist ein Imprint der eingetragenen Gesellschaft Springer Fachmedien Wiesbaden GmbH und ist ein Teil von Springer Nature.
Die Anschrift der Gesellschaft ist: Abraham-Lincoln-Str. 46, 65189 Wiesbaden, Germany

Das Papier dieses Produkts ist recyclebar.

Was Sie in diesem *essential* finden können

- Einführung und tiefgehende Untersuchung der digitalen Transformation in der Filmindustrie einschließlich Chancen und Risiken (Kap. 2, Gastbeitrag von Alexander Thul).
- Vergleich von traditionellen und digitalen Produktionsmethoden unter Berücksichtigung der Herausforderungen und Möglichkeiten, die sich durch die Digitalisierung ergeben (Kap. 3, Gastbeitrag von René Jamm).
- Analyse der Auswirkungen der Plattformökonomie auf Geschäftsmodelle und Wertschöpfungsketten – mit besonderem Augenmerk auf die Rolle von Streaming-Plattformen und neuen digitalen Technologien (Kap. 4).
- Orientierung über die neuesten digitalen Technologien wie Künstliche Intelligenz, Virtual und Augmented Reality und Blockchain und deren Einfluss auf die Filmwirtschaft (Kap. 5).
- Praktischer Leitfaden zur Bewältigung der digitalen Transformation – mit konkreten Handlungsempfehlungen und einem Ausblick auf zukünftige Trends (Kap. 6).

Inhaltsverzeichnis

Über die Autorin

Prof. Dr. phil. Anett Sass
Hochschule Fresenius
Alte Rabenstraße 1
20148 Hamburg

Website: https://www.hs-fresenius.de
E-Mail: anett.sass@hs-fresenius.de
LinkedIn: https://de.linkedin.com/in/anettsass

© DCI Institute

Prof. Dr. Anett Sass ist Professorin für Medien- und Bewegtbildmanagement und Studiendekanin an der Hochschule Fresenius in Hamburg. Sie hat an der Filmuniversität Babelsberg Konrad Wolf promoviert und ist Managing Partner am DCI Institute. Ihre Forschungsgebiete sind die digitalen Geschäftsmodelle, digitale Transformation und nachhaltiges Produzieren (Green Production) in der Unterhaltungsindustrie. Vor ihrem heutigen Engagement in der Hochschullehre hat Prof. Dr. Sass in verschiedenen Positionen bei namhaften Medienunternehmen gearbeitet und verfügt somit über ein umfangreiches Know-how in diesem Bereich.

Einleitung 1

Willkommen zum Buch „Die Digitale Transformation in der Filmindustrie[1] – Ein praxistheoretischer Leitfaden für Macher". In diesem Fachbuch betrachten wir die Vielschichtigkeit der digitalen Transformation. Denn sie geht weit über einen rein technologischen Wandel hinaus, da sie ökonomische, kulturelle und organisatorische Dimensionen umfasst. In einer Welt, die treffend als „volatile", „uncertain", „complex" und „ambiguous" (VUCA) klassifiziert wird, streben wir danach, Ihnen die Fähigkeiten und Kenntnisse zu vermitteln, die Sie benötigen, um diese Veränderungen zu erkennen, zu verstehen und effektiv darauf reagieren zu können.

Das Buch richtet sich an Produzenten, Produktionsverantwortliche, Akademiker und alle Filmschaffenden, die Interesse an diesem dynamischen Thema haben. Im Dialog mit Branchenexperten haben wir festgestellt, dass ein breiteres Bewusstsein und fundiertes Wissen zur digitalen Transformation oft fehlen. Wir hoffen, diese Lücke mit unserem Leitfaden schließen zu können.

Die deutsche Filmindustrie spielt eine bedeutende Rolle in der globalen Medienlandschaft. Trotz beachtenswerter Erfolge steht sie, wie viele andere Branchen auch, vor den Herausforderungen der digitalen Transformation. Das Aufkommen von Streaming-Plattformen wie Netflix, Amazon Prime und Disney+ hat die Art und Weise, wie Inhalte distribuiert und konsumiert werden, verändert, was tiefgreifende Auswirkungen auf die Produktionsweisen hat.

---

[1] In diesem Buch weiten wir den Fokus auf die gesamte Filmindustrie/-wirtschaft aus, um den durch Digitalisierung und die Integration verschiedener Branchen bedingten Veränderungen im Produktionsmarkt, besonders durch den Einfluss des Streaming-Marktes, gerecht zu werden.

A. Sass, *Die digitale Transformation in der Filmindustrie*, essentials, https://doi.org/10.1007/978-3-658-43258-4_1

Zusätzlich zu diesen Veränderungen gibt es regulatorische Fragen, insbesondere in Bezug auf Datenschutz und Urheberrecht, die im digitalen Zeitalter immer komplexer werden. Trotz aller Fortschritte und Bemühungen ist es klar, dass die Filmwirtschaft in Deutschland weiterhin in Technologie und Ausbildung investieren muss, um die anstehenden Herausforderungen zu meistern.

Das Buch will Sie dabei unterstützen, die digitalen Transformationen besser zu verstehen und effektive Strategien zur Bewältigung der damit verbundenen Herausforderungen zu entwickeln. Unser Ziel ist es, Sie in die Lage zu versetzen, in dieser sich ständig verändernden Landschaft erfolgreich zu navigieren.

Digitale Transformation: Grundlagen 2

Im Kapitel „Digitale Transformation: Grundlagen" definieren wir die digitale Transformation und untersuchen ihre Auswirkungen auf die Filmindustrie. Dabei beleuchten wir sowohl Chancen als auch Risiken. Der Gastbeitrag von Alexander Thul bietet darüber hinaus spezielle Einblicke in die aktuelle Bedarfslage der digitalen Transformation in der Produktionsbranche. Dies alles dient als Grundlage für weitere Diskussionen.

2.1 Definition und Aspekte der digitalen Transformation

Die „digitale Transformation" bezeichnet einen weitreichenden Umbruch, der weit mehr als lediglich technische Anpassungen erfordert. Sie betrifft Unternehmen und Organisationen in ihren Geschäftsprozessen, Unternehmenskulturen und in der Interaktion mit Kunden (vgl. Hess, 2019, S. 115 ff.). Dieser Wandel wird durch den Einsatz moderner Technologien und Methoden wie Cloud-Computing, Künstliche Intelligenz (KI), maschinelles Lernen, Internet der Dinge (IoT) und Blockchain vorangetrieben (vgl. Hänisch, 2017, S. 9 ff.). Die digitale Transformation erfolgt in Gestalt *strategischer, kultureller* und *struktureller Veränderungen.*

Strategische Veränderungen beinhalten eine Neuorientierung der Unternehmensstrategie hin zu datenbasierten Entscheidungsprozessen, der Entwicklung digitaler Geschäftsmodelle und einer stärkeren Ausrichtung auf Kundenbedürfnisse. In der Filmwirtschaft könnte dies bedeuten, dass Produktionsunternehmen verstärkt auf datenbasierte Marktanalysen setzen, um ihre Inhalte zielgerichteter zu gestalten und neue Absatzmöglichkeiten zu identifizieren (vgl. Rossberger, 2019, S. 24 f.).

© Der/die Autor(en), exklusiv lizenziert an Springer Fachmedien Wiesbaden GmbH, ein Teil von Springer Nature 2023
A. Sass, *Die digitale Transformation in der Filmindustrie,* essentials, https://doi.org/10.1007/978-3-658-43258-4_2

Kulturelle Veränderungen betreffen die Art und Weise, wie Mitarbeiter und Führungskräfte denken und handeln. Es geht darum, eine Kultur der kontinuierlichen Verbesserung und Innovation zu fördern, den Einsatz digitaler Tools (z. B. Slack) in der Zusammenarbeit und Kommunikation zu unterstützen und Mitarbeiter zu ermutigen, offen und experimentell mit neuen Technologien und Methoden umzugehen. In der Filmindustrie könnten dies beispielsweise die Förderung einer kollaborativen Arbeitskultur und die Nutzung von kreativen Tools zur Verbesserung des Produktionsprozesses sein (vgl. Rossberger, 2019, S. 26 f.).

Strukturelle Veränderungen umfassen die Neugestaltung von Organisationsstrukturen und Prozessen, um Agilität und Effizienz zu fördern. Dies könnte die Einführung neuer, flexiblerer Arbeitsmodelle, die Umgestaltung von Hierarchien und Entscheidungsprozessen sowie die Implementierung digitaler Plattformen und Tools zur Unterstützung von Zusammenarbeit und Informationsaustausch beinhalten (vgl. Hess, 2019, S. 53). In der Film- und Fernsehbranche könnten dies beispielsweise die Nutzung von Cloud-basierten Produktionsplattformen, die den Zugriff auf Ressourcen und die Zusammenarbeit erleichtern, oder die Implementierung von Workflow-Management-Systemen zur Optimierung des Produktionsprozesses sein.

Es ist wichtig, die digitale Transformation von der Digitalisierung abzugrenzen. Während die Digitalisierung sich auf die Umwandlung analoger in digitale Prozesse bezieht (vgl. Keuper et al., 2013, S. 6), umfasst die digitale Transformation einen tiefgreifenden Wandel des gesamten Geschäftsmodells und der Unternehmenskultur (vgl. Schallmo, 2016, S. 3 ff.). Um ein einheitliches Verständnis im Kontext dieses Buches zu gewährleisten, legen wir folgende Definition zugrunde:

Definition: Die digitale Transformation bezeichnet den tiefgreifenden Wandel von Geschäftsprozessen, Unternehmenskultur und Kundeninteraktionen durch den Einsatz digitaler Technologien der Informationsverarbeitung, der über die reine Digitalisierung hinausgeht und grundlegende strategische, kulturelle und strukturelle Veränderungen mit sich bringt.

Die digitale Transformation bietet sowohl Chancen als auch Risiken. In der Filmindustrie ermöglicht sie Unternehmen, ihre Prozesse zu optimieren, Kosten zu senken, die Kundenzufriedenheit zu verbessern und neue Geschäftsmöglichkeiten zu erschließen. Beispielsweise können datenbasierte Analysen helfen, den

Erfolg von Inhalten vorherzusagen und Investitionen zielgerichteter zu gestalten. Gleichzeitig erfordert die digitale Transformation jedoch erhebliche Investitionen, stellt bestehende Geschäftsmodelle infrage und erhöht den Wettbewerbsdruck. Es können auch Herausforderungen in Bezug auf Datenschutz und IT-Sicherheit, den Umgang mit neuen Technologien und Methoden sowie den Wandel der Unternehmenskultur auftreten.

2.2 Chancen und Risiken für die Filmindustrie

Die oben genannten Chancen und Risiken der digitalen Transformation haben einen direkten Einfluss auf den Filmsektor. Sie eröffnet neue Wege zur Steigerung der Effizienz, zur Förderung der Kreativität und zur Erweiterung der Reichweite. Gleichzeitig konfrontiert sie die Unternehmen mit einer Reihe von Herausforderungen und Risiken, die adressiert und bewältigt werden müssen. Im Folgenden werden die zentralen Aspekte aufgeführt:

Chancen der digitalen Transformation
1. **Effizienzsteigerung im Produktionsprozess:**
   - Cloud-Computing-Plattformen wie Frame.io[1] und Wipster[2] ermöglichen den Echtzeitaustausch von Filmmaterial, unabhängig vom Standort der Beteiligten.
   - Software wie DaVinci Resolve[3] (zur Nachbearbeitung von Videos und Filmen, z. B. Farbkorrektur) nutzt Künstliche Intelligenz und maschinelles Lernen, um zeitaufwendige Postproduktionsprozesse zu automatisieren, die Qualität zu erhöhen und gleichzeitig die Kosten zu senken.
2. **Neue Geschäftsmodelle und Monetarisierungsmöglichkeiten:**
   - Streaming-Dienste wie Netflix, Amazon Prime, Disney+, Joyn und TVNOW definieren Wertschöpfung und Monetarisierung in der Filmindustrie neu.
   - Datenanalytik und personalisierte Werbung, wie von Netflix genutzt, erweitern die Monetarisierungsmöglichkeiten durch individualisierte Empfehlungen und erhöhte Nutzerbindung.

---

[1] https://frame.io

[2] https://www.wipster.io

[3] https://www.blackmagicdesign.com/de/products/davinciresolve

– Digitale Produktplatzierungen wie die Marke Lexus in der Amazon-Serie „The Marvelous Mrs. Maisel"[4] generieren zusätzliche Einnahmen.

3. **Erweiterung des Zielgruppenzugangs:**
   – Streaming-Dienste wie Amazon Prime erweitern den Zugang zu Zielgruppen und ermöglichen detaillierte Einblicke in das Zuschauerverhalten.
   – Personalisierte Marketingkampagnen wie die Werbekampagne für „The Boys"[5] und adressierbare TV-Werbungssysteme wie „Sky AdSmart" ermöglichen optimierte Marketingstrategien.

4. **Flexibilität und Agilität:**
   – Cloud-basierte Plattformen gestatten ortsunabhängiges Arbeiten und schnelles Reagieren auf Änderungen.
   – Datenanalysetools wie Parrot Analytics[6] liefern Einblicke in das Nutzerverhalten, ermöglichen Anpassungen und schnelle Reaktionen auf Marktveränderungen.

5. **Förderung von Zusammenarbeit und Kreativität:**
   – Digitale Kommunikationstools wie Slack und Microsoft Teams fördern ortsunabhängige Zusammenarbeit.
   – Drehbuch-Software wie Celtx[7] oder Final Draft[8] fördert Echtzeit-Feedback und Bearbeitung.
   – KI-basierte Tools wie Runway ML[9] und Artbreeder[10] erweitern den kreativen Prozess und fördern die Erstellung einzigartiger Inhalte.

Risiken der digitalen Transformation

1. **Sicherheitsbedenken:**
   – Cyberangriffe können unveröffentlichte Materialien oder sensible Daten stehlen, wodurch erhebliche finanzielle und Reputationsschäden entstehen können.

---

[4] Lexus Newsroom: https://pressroom.lexus.com/amazon-prime-video-and-the-marvelous-mrs-maisel-announce-collaboration-with-intersect-by-lexus/, abgerufen am 09.06.2023.

[5] https://eosmarketing.it/en/the-irreverent-marketing-genius-of-the-boys/, abgerufen am 09.06.2023.

[6] https://www.parrotanalytics.com

[7] https://www.celtx.com

[8] https://store.finaldraft.com/all-final-draft-products.html

[9] https://runwayml.com

[10] https://www.artbreeder.com

– Die Datenerhebung und -verarbeitung von Zuschauerdaten erfordert besondere Sorgfalt zur Einhaltung von Datenschutzbestimmungen wie der DSGVO.

2. **Direkte Vergleichbarkeit:**

– Digitale Präsenz ermöglicht direkte Vergleichbarkeit von Dienstleistungen und Produkten, erhöht den Wettbewerb und fordert Innovation im Angesicht von VUCA-Herausforderungen.

3. **Komplexität und Kosten:**

– Die Einführung neuer digitaler Technologien erhöht die Betriebskomplexität, erfordert Anfangsinvestitionen und die Ausbildung der Mitarbeiter.

– Finanzielle und organisatorische Belastungen können für kleinere Produktionsunternehmen mit begrenzten Ressourcen herausfordernd sein.

4. **Erhöhter Wettbewerbsdruck:**

– Die Digitalisierung intensiviert den Wettbewerb durch erleichterten Marktzugang und Optimierungsmöglichkeiten, wie das Beispiel Netflix zeigt.

5. **Dinosaurier-Syndrom:**

– Unternehmen, die sich nicht an technologische Neuerungen anpassen, riskieren ihre Relevanz, wie das Beispiel Kodak verdeutlicht. Das Unternehmen verpasste den Übergang zur digitalen Fotografie und wurde insolvent.

Die Digitalisierung hat die Filmwirtschaft revolutioniert, die Effizienz gesteigert und neue Geschäftsmodelle wie Streaming-Dienste ermöglicht. Jedoch sind dadurch neue Herausforderungen wie Sicherheitsrisiken, gesteigerte Komplexität und intensiverer Wettbewerb entstanden. Unternehmen müssen deshalb Innovationen fördern und in Technologien und Mitarbeiterbildung investieren, um in diesem digitalen Kontext zu bestehen.

Verstehen Unternehmen sowohl die Chancen als auch die Herausforderungen der digitalen Transformation, können sie Strategien entwickeln, um diese Herausforderungen effektiv zu bewältigen. **Alexander Thul,** Organisationsberater bei der filmfactory::solutions[11], wird im nächsten Abschnitt verdeutlichen, warum dieser Veränderungsprozess unvermeidlich und zukunftsweisend ist.

---

[11] http://filmfactory.solutions

2.3   Alexander Thul: Zur Bedarfslage der digitalen Transformation in der Produktionsbranche

Digitalisierung beschreibt allgemein den Einsatz digitaler Informationsverarbeitung für die Umsetzung unternehmerischer Vorhaben. Digitale Transformation aber geht weiter. Sie überführt die klassischen Unternehmensabläufe zur Realisierung der Wertschöpfungsketten in eine neue Art der Zusammenarbeit; und zwar in jeder Dimension mit Kunden, Mitarbeitern und Partnern oder Zulieferern. Wenn wir über Digitalisierung in der Filmwirtschaft sprechen, *adressieren wir zwei grundverschiedene Einsatzszenarien.*

- Zum einen werden *Apps und Software-basierte Werkzeuge* eingesetzt, um in den verschiedenen Gewerken inhaltliche Innovationen zu erzeugen. Man denke da vorrangig an digitale Aufnahme- und Wiedergabeverfahren, hochmoderne Schnittsysteme oder den Themenkomplex Special Effects, Virtual Effects und Augmented Reality.
- Zum anderen ergeben sich *komplett neue „Workflows" zwischen den einzelnen Gewerken* durch die Verfügbarkeit von digitalem Content klassischerweise an den Schnittstellen zwischen Production, Postproduction und Verwertung. Aber auch im Preproduction-Bereich geben Anbieter von Software-Lösungen neue Impulse für die Content Creation.

Wir wollen hier aber auf einen weiteren, *einen dritten Aspekt der Digitalisierung* eingehen: auf das, was in den 1990ern mit dem Online-Banking begann und sich seither als „digitale Transformation von Geschäftsmodellen" durch Industrie und Wirtschaft fortschreibt. Inzwischen hat sogar die öffentliche Verwaltung den Bedarf von digitaler Transformation erkannt und das Online-Zugangsgesetz in Kraft gesetzt, nach dem zum Jahresende 2023 alle Verwaltungsleistungen der öffentlichen Hand für Bürger und Unternehmen digital verfügbar und „bezahlbar" sein sollen; so zumindest der erklärte politische Willen des IT-Planungsrates der Bundesregierung.

Soll heißen, dass beispielsweise Inhaber von Filmproduktionsfirmen nicht nur digital ihre Umsatzsteueranmeldung an das Finanzamt geben können, sondern auch der gesamte Antrags- und Bewilligungsprozess der Filmförderung durchgängig digital abgewickelt wird. In welchem Umfang dann dort Zertifikate, Referenzen und rechtsverbindliche Konformitätserklärungen transferiert werden müssen, wird sich erst im vollen Ausmaß zeigen, wenn die Vergabe öffentlicher Mittel zwingend an die Erfüllung der Global Sustainability Goals der EU gekoppelt ist.

Bevor wir uns damit beschäftigen, welche Auswirkungen die digitale Transformation auf Unternehmen in der Filmbranche haben wird, schauen wir kurz in die Anfänge des kommerziellen Internets hinein. So können Sie selbst besser einschätzen, welche Möglichkeiten und Herausforderungen sich für Sie als Akteur in der Filmwirtschaft aus dieser „vierten industriellen Revolution" ergeben.

Seit den Augusttagen des Jahres 1991, als Tim Berners-Lee und seine Kollegen auf einem Web-Server des CERN in Genf ihre Idee vom World Wide Web erprobten, hat sich die Digitalisierung über alle Branchen und Industrien evolutionär ausgebreitet. Das Grundprinzip blieb jedoch immer das gleiche: Informationen in den Unternehmen werden digital verfügbar und für Kunden, Partner und Mitarbeiter nach bestimmten Regeln nutzbar gemacht. Es ergeben sich so grundsätzlich neue Möglichkeiten der Geschäftsbesorgung für die Unternehmen.

Auch wenn viele Entscheider, besonders solche aus technologiefernen Branchensegmenten, Digitalisierung mit dem flächendeckenden Einsatz von Computerarbeitsplätzen, einer Software für standardisiertes Enterprise Ressource Planning und Webserver für digitalen Markenauftritt gleichsetzen, bezeichnen wir die Digitalisierung nicht ohne Grund auch als vierte industrielle Revolution, wenn wir über die Vernetzung der Unternehmen mit ihren Kunden, Partner, Lieferanten und Mitarbeitern sprechen.

Die vier Phasen der Industrialisierung:

- **Industrie 1.0:** Die Dampfmaschine als Motor stellt die Antriebsenergie für die Industrialisierung bereit.
- **Industrie 2.0:** Akkordarbeit am Fließband etabliert Wertschöpfungsketten durch optimierbare mechanische Herstellungsschritte.
- **Industrie 3.0:** Automatisierung durch Computer etabliert das „schrittweise Herstellen" von Dienstleistungen
- **Industrie 4.0:** Digitalisierung und Vernetzung ermöglichen den globalen Austausch von Waren und Dienstleistungen.

Digitale Informationsverarbeitung in Unternehmen ist oft innovativ, aber sie erfordert auch eine Kosten-Nutzen-Bewertung aufgrund der erheblichen Investitionen und Risiken. Neue Geschäftsmodelle auf Basis neuer Technologien entstehen selten spontan und erfordern die aktive Beteiligung und Erfahrung der gesamten Organisation. Schlüsselkonzepte wie „New Work", „Cloud", „Agile", „ChatGPT" und „Augmented Reality" sollten dabei nicht isoliert, sondern ganzheitlich betrachtet werden. Unternehmen, denen die Umsetzung der Digitalisierung gelang, haben diese als das Resultat *konkreter Projekte und entsprechender Managementstrategien verstanden. Denn der bloße Einsatz von Technologie führt nicht automatisch zu nachhaltigem Unternehmenserfolg in Bezug auf Marktanteile und Umsatz.*

Wenn wir über die Digitalisierung in der Filmwirtschaft als Synonym für die digitale Transformation von Unternehmen der Film- und Fernsehbranche sprechen, dann müssen wir mehrere Aspekte in der Zielsetzung der digitalen Transformation deutlich unterscheiden:

Digital Content Creation

- Wie erstellen Sie den Inhalt Ihrer visuellen Formate?
- Wie läuft bei Ihnen der Prozess von der „ersten Buchidee" bis zur „Finanzierung" ab?
- Zählen Sie doch einmal die Namen der Personen auf, die an diesem Prozess beteiligt sind. Wenn das mehr als fünf sind, dann überlegen Sie bitte, wie effektiv die Beteiligten miteinander kommunizieren und was Sie verbessern könnten.

Digital Business-to-Business Interactions

- An welchen Teilschritten in der globalen Wertschöpfungskette sind Sie beteiligt?
- Wie tauschen Sie Daten, Informationen und Produkte (Arbeitsergebnisse) mit anderen Produktionspartnern aus?
- Wie werden Sie von „diesen anderen Produktionspartnern" für deren Projekte gefunden und engagiert? Eher zufällig, weil man sich kennt oder weil sie echtes Marketing für Ihre Services betreiben?

Digital Business Process Optimization

- In welchen Teilschritten entsteht Ihre Wertschöpfung, und was kostet es Sie, ein Euro Wertschöpfung zu erzeugen?
- Was müssten Sie verändern, um aus dem gleichen Herstellungsaufwand fünf Euro Wertschöpfungsbeitrag realisieren zu können?
- Haben Sie eine Idee davon, was es Sie kosten würde, systematisch eine Produktivitätssteigerung um 500 % in allen Ihren Vorhaben herbeizuführen?

Digital Customer Access

- Wie werden Marktteilnehmer, die Ihre (Arbeits-)Ergebnisse kaufen könnten, auf Sie und das Leistungsangebot Ihres Unternehmens aufmerksam?
- Ist es einfach, mit Ihnen in Kontakt zu treten und mit Ihnen Geschäfte zu machen?
- Was werden Sie tun, wenn doppelt so viele Kunden bei Ihnen anrufen sollen, was wenn es fünfmal so viele sein müssen, wie aktuell?
- Was wird Sie das kosten und welchen unternehmerischen Gewinn können Sie aus dem „Mehr an Kunden" für Ihr Unternehmen generieren?

Wenn Sie einmal für sich Antworten auf solche Fragen gefunden haben und diese beim Lesen des Buches im Hinterkopf behalten, werden Sie verstehen, warum Digitalisierung eine wirklich ernste Angelegenheit ist.

Aber lassen Sie mich den unternehmerischen Aspekt an einem allgemein bekannten Beispiel verdeutlichen, bevor wir uns der Frage zuwenden, wie die hiesigen Unternehmen der Film- und Fernsehbranche zum Thema Digitalisierung stehen.

Die Unternehmer Reed Hastings und Marc Randolph gründeten 1997 Netflix als Online-Videoversand und wechselten 2007 zum Streaming. Bis März 2022 zählte das Unternehmen über 221 Mio. bezahlte Abonnements. Im Jahr 2020 überstieg sein Börsenwert mit 195 Mrd. US-Dollar erstmals den von Disney. Im Gegensatz dazu gaben die ARD und das ZDF 2021 Pläne für eine gemeinsame Mediathek bekannt, wobei sie gesetzlich festgelegte Haushaltsabgaben und Reichweitenmessung für ihre Finanzierung nutzen. Beide produzieren und verteilen Content über digitale Kanäle, aber ihre Geschäftsmodelle und Erfolgsmetriken unterscheiden sich grundlegend.

Wohlgemerkt, sowohl Netflix als auch die beiden genannten deutschen öffentlich-rechtlichen Rundfunkunternehmen produzieren Content zusammen mit ihren Partnern und vertreiben ihre Produkte an ihre Kunden über die gleichen digitalen Kanäle. Der wesentliche Unterschied besteht jedoch darin, dass die *einen Umsatz, Marktanteile und Unternehmenswert betrachten und die anderen gesetzlich verankerte Haushaltsabgaben und GFK-ermittelte Reichweite zur Finanzierung ihrer Unternehmen verwenden.*

Aber schauen wir uns die Unternehmen der Filmwirtschaft in Deutschland etwas genauer an. Die deutsche Filmwirtschaft ist hauptsächlich von kleinen und mittleren Unternehmen geprägt. 75 % erzielen einen Jahresumsatz zwischen 100.000 und einer Million Euro, was insgesamt nur etwa zehn Prozent des Marktvolumens ausmacht. Das obere ein Prozent der umsatzstärksten Unternehmen, hauptsächlich mit öffentlich-rechtlichen Rundfunkanstalten verbunden, generiert die Hälfte des Gesamtmarktvolumens und hat jeweils einen Jahresumsatz von über 25 Mio. EUR.

Der vorherige Abschnitt betont das wirtschaftliche Potenzial der Digitalisierung für Unternehmen, das durch freien Wettbewerb realisiert werden kann. *Mittels gezielter Transformationsprogramme können Kostenersparnisse, Umsatzwachstum, größere Marktanteile und Marktdurchdringung erreicht werden. Allerdings fehlt dieses unternehmerische Denken in der Filmbranche, die hauptsächlich von öffentlichen Geldern und nicht von echtem Wettbewerb oder Marktwachstum finanziert wird.* Filmförderer erhalten zwar zusätzliche Budgets zur Deckung gestiegener Herstellungskosten, aber nicht für Expansion oder Wachstum.

Aktuell gilt also: *Unternehmen erhalten in der Filmbranche entweder öffentliche Mittel oder sind als Auftragsproduzenten in einem regulierten Markt tätig, der keine signifikanten Wachstumschancen bietet. Nur Dienstleistungsunternehmen und Kreative konkurrieren miteinander, während es keine Anreize für Unternehmen gibt, digitale Technologien einzusetzen, um ihre Marktposition zu verändern. Der Wettbewerbsdruck durch umsatzfinanzierte internationale Unternehmen zwingt die einheimischen Unternehmen zum Handeln. Der Mangel an Fachkräften wird nicht nur auf mangelnde Ausbildung und unattraktive Arbeitsbedingungen zurückgeführt, sondern auch auf die Verknappung verfügbarer Produktionskapazitäten, die von Unternehmen wie Netflix, Amazon, Sky, Paramount und Apple in den Markt gebracht wird.*
Als Beratungshaus sind wir mit vielen Produzenten auch zu dem Thema Digitalisierung im Gespräch. In der Quintessenz bestätigen uns viele Geschäftsführer und Produzenten, dass das Thema Digitalisierung meist mit dem Relaunch einer in die Jahre gekommenen Webseite sein Ende findet. Digitalisierung wäre zwar wünschenswert, weil alle darüber sprechen, aber konkrete Zielsetzungen für die Transformation oder Optimierung von Unternehmensprozessen für Herstellung, Vertrieb, Markenausbau oder interne Wertschöpfung können die wenigsten Entscheider für ihr Unternehmen identifizieren.
Das Problem besteht darin, dass die meisten Unternehmen in der Filmbranche nicht genug Umsätze generieren, um in zukunftsweisende Technologien

investieren zu können. Die Filmförderer unterstützen nur Content-bezogene Projekte und nicht die Prozessoptimierung, die die Wettbewerbsfähigkeit der Unternehmen verbessern könnte. Dies ist ein Thema für die Politik und die gesetzlichen Rahmenbedingungen in Bezug auf die Herstellung von visuellem Content in Deutschland.

Der Fachkräftemangel in der Filmbranche wird langsam als selbstgemachtes Problem erkannt. Die Verantwortlichen zögern jedoch bei Investitionen in Ausbildung und Nachwuchsförderung, da sie das Geld lieber in die Entwicklung und Produktion neuer Formate stecken möchten. Die Durchführung von Transformationsvorhaben, insbesondere in Bezug auf überbetriebliche Weiterbildung, scheitert oft an mangelndem unternehmerischem Denken oder fehlender Expertise seitens der Unternehmervereinigungen und Branchenverbände.

Die deutsche Filmbranche lebt seit dem Ende der privatwirtschaftlichen Filmfinanzierung in den 1990er Jahren entweder von den Produktionsaufträgen der öffentlich-rechtlichen Sender oder den Filmförderungen der Bundesländer, die vor allem an regionalen Aspekten interessiert sind. Die Marktteilnehmer sind daher gut darin, die Kosten zu kontrollieren, aber ihnen fehlt die Erfahrung im Umgang mit wettbewerbsorientiertem Marktmanagement und der Generierung von Verkaufserlösen. Für die Mehrheit der Branchenteilnehmer ist der Film entweder ein Kulturgut oder der „Quotenbringer" zwischen Werbeblöcken.

Die Entscheider „kennen sich halt untereinander". Und nicht selten hören wir die ernst gemeinte Frage: „Wozu brauchen wir Digitalisierung, wir haben doch eine Webseite?!" *Noch, denn die Streaming-Anbieter mit vollintegrierten digitalen Geschäftsmodellen drängen massiv auf den deutschen Markt und beginnen aufgrund ihres Erfolges die Spielregeln zu definieren.* Weder die beiden großen öffentlich-rechtlichen Sender noch die Unternehmerverbände der Filmproduzenten, Filmverleiher und Kinobetreiber oder die Interessenvertretungen der Soloselbstständigen in den Gewerken haben einen Plan, wie sich der digitalen Herausforderung im nationalen Kontext stellen lässt.

Wenn Sie mehr erreichen möchten, als nur für „Netflix zu pitchen", stehen für Sie drei Handlungsimperative auf der Tagesordnung:

1. Setzen Sie sich klare unternehmerische Ziele, die Sie im Sinne von Umsatzwirksamkeit, Kosteneffizienz und Innovationskraft in den nächsten 48 Monaten erreicht haben müssen.
2. Suchen Sie sich transformationserfahrende Mitstreiter und schauen Sie im Vergleich, wie die Industrie solche Vorhaben angeht, nicht die öffentliche Hand

(Flughäfen, Philharmonien und Autobahnanschlüsse hat das Land schon genug).

3. Rechnen Sie einen Business Case für die Transformation und besorgen sie das Geld, das Sie in die Projektumsetzung investieren wollen. Ohne ausreichend Kapital fangen Sie besser gar nicht erst an.

Als Alternative: Vergessen Sie das Thema „Digitalisierung" komplett und machen Sie in der Hoffnung auf glückliche Umstände weiter wie bisher. Das Zeitfenster, das Ihnen für die Realisierung Ihrer unternehmerischen Ziele zur Verfügung steht, ist eh nur sehr klein.

Alexander Thul
film::factory solutions
Prenzlauer Allee 36F
10405 Berlin

© Birte Filmer

Webseite: filmfactory.solutions
Email: at@filmfactory.solutions
LinkedIn: https://www.linkedin.com/in/alexanderthul

Alexander Thul ist Inhaber der Unternehmensberatung film::factory solutions. Er hat Ingenieurwesen an der Technischen Universität Berlin studiert und begleitet langjährig mittelständige Unternehmen als Berater und Umsetzer bei ihrem Weg in die digitale Zukunft. Mit seinem Team plant er die Systemlandschaft und steuert die Implementierung von voll-integrierten digitalen Lösungen zur Prozessoptimierung entlang der Wertschöpfungsketten in der Filmwirtschaft – insbesondere für nachhaltige Produktionsplanung und Produktionssteuerung, die Automatisierung von Geschäftsprozessen und das Erschließen neuer Kundenzugänge und Vertriebskanäle.

Die Filmindustrie vor und nach der Digitalisierung

3

Das Kap. 3 bietet eine fundierte Analyse des Wandels, den die Filmindustrie durch die Digitalisierung erfahren hat. Wir kontrastieren in diesem Abschnitt traditionelle Produktionsmethoden und die damit verbundenen Herausforderungen mit den Veränderungen und Verbesserungen, die die Digitalisierung mit sich gebracht hat. Ein besonderer Schwerpunkt liegt auf dem Beitrag von **René Jamm,** dem Geschäftsführer von Warner Bros. International Television Production. Er liefert wertvolle Einblicke in den aktuellen Stand der digitalen Transformation in der Produktionsbranche.

3.1 Traditionelle Produktionsmethoden und deren Hürden

Ein kurzer Blick zurück: In der traditionellen Filmindustrie, auch bekannt als analoge Produktion, war die Erstellung von Filmmaterial ein komplexer, arbeitsintensiver und oft teurer Prozess. Die Phasen von der Entwicklung eines Storyboards und der Beschaffung von Finanzmitteln über das Filmdrehen selbst bis hin zur nachgelagerten Postproduktion erforderten ein hohes Maß an Genauigkeit und Fachkenntnissen. Das Schneiden und Zusammenfügen einzelner Filmszenen war ein zeitintensiver Prozess, der großes handwerkliches Geschick erforderte (vgl. Hoberg, 1999, S. 75 f.). Zudem war das analoge Filmmaterial empfindlich gegenüber Umwelteinflüssen und benötigte spezielle Lagerungsbedingungen (vgl. Schmidt, 2005, S. 252).

Die Technologie, insbesondere Kameras und Bearbeitungsausrüstung, war oft teuer und für kleinere Produktionen und unabhängige Filmemacher nur schwer zugänglich. Dies zentralisierte die Produktionsmacht bei großen Studios und Produktionsfirmen.

Die Verbreitung der Inhalte stellte eine weitere Hürde dar. Filme und Fernsehsendungen wurden hauptsächlich über Kinos oder Fernsehsender an das Publikum vermittelt, was die Reichweite einschränkte. Die Logistik und Kosten der physischen Verteilung von Filmrollen waren erheblich. Fehler bei der Belichtung oder im Entwicklungsprozess konnten das gesamte Material ruinieren, während ein versehentlicher Schnitt an der falschen Stelle wertvolle Szenen kosten oder zusätzliche Arbeitsstunden für die Wiederherstellung erforderlich machte.

Diese Hürden begrenzten nicht nur die Effizienz der Filmindustrie, sondern auch ihre Fähigkeit zur Innovation. Durch die eingeschränkte Möglichkeit zum Experimentieren und Testen neuer Techniken oder Erzählstile blieb die Branche oftmals in traditionellen Formen und Formaten verankert. In der nachfolgenden Tab. 3.1 werden weitere Hürden der analogen Filmindustrie aufgeführt:

3.2 Veränderungen und Verbesserungen durch Digitalisierung

Die Einführung digitaler Technologien hat die Filmindustrie umgestaltet, wobei Aspekte wie Produktion, Bearbeitung und Verbreitung effizienter und zugänglicher wurden. Digitale Kameras eliminieren die Notwendigkeit von Filmmaterial und senken dadurch Kosten, während sie gleichzeitig die Bildqualität verbessern und hochauflösende Formate wie 4K und 8K ermöglichen (vgl. Kumb, 2014, S. 34 f.). Digitale Schnitt-Software revolutioniert den Bearbeitungsprozess, ermöglicht präzise Bearbeitung und die Korrektur von Fehlern, die früher irreparabel gewesen wären.

Zugang zu Produktionsressourcen wurde durch Software wie Adobe Premiere Pro, Final Cut Pro und Avid Media Composer, die hochwertige Produktions- und Postproduktionstools zu niedrigeren Kosten anbieten, demokratisiert. Der Transfer von Inhalten ist nicht mehr auf Kinos oder Fernsehsender beschränkt – dank On-Demand-Video-Plattformen, die eine globale Verbreitung garantieren und erweiterte Monetarisierungsmöglichkeiten bieten.

Innovative Technologien wie Drohnen bieten neue kreative Möglichkeiten und reduzieren die Kosten für spektakuläre Luftaufnahmen, die früher teure Ausrüstung und Hubschrauber erforderten (eine gute Übersicht zu aktuellen Drohnen

Tab. 3.1 Hürden in der analogen Filmproduktion

Hürde	Vor der Digitalisierung
Eingeschränkte Wiedergabe-möglichkeiten	Im traditionellen Filmbereich war die Anzahl der Kopien, die von einem Film gemacht werden konnten, begrenzt. Dies bedeutete, dass die Anzahl der Kinos, in denen ein Film gezeigt werden konnte, ebenfalls begrenzt war, was zu Wartezeiten für das Publikum führte
Kostspielige Nachproduktion	Spezialeffekte und Nachbearbeitung waren zeitaufwendig und teuer. Oft mussten ganze Szenen wegen kleiner Fehler neu gedreht werden, was die Kosten in die Höhe trieb
Lokalisierte Produktion und Distribution	Filme und Shows mussten lokalisiert werden, um sie für verschiedene Märkte zugänglich zu machen. Dies erforderte eine Synchronisation oder Untertitelung, was zusätzliche Zeit und Ressourcen in Anspruch nahm
Abhängigkeit von physischen Ressourcen	Von Filmbändern über Kameras bis hin zu speziellen Effektgeräten waren Produzenten und Filmemacher stark von physischen Ressourcen abhängig. Ein Verlust oder eine Beschädigung dieser Ressourcen konnte zu großen Verzögerungen und Kosten führen
Begrenzte kreative Freiheit	Aufgrund der hohen Kosten und der technischen Einschränkungen hatten Filmemacher oft nur begrenzte Möglichkeiten, ihre kreativen Visionen umzusetzen. Dies konnte dazu führen, dass kreative Ideen zugunsten sicherer, bewährter Konzepte auf der Strecke blieben
Längere Produktionszeiten	Durch den manuellen und mechanischen Charakter der traditionellen Produktion, wie etwa das Entwickeln von Filmen in einem dunklen Raum, nahmen Produktionen mehr Zeit in Anspruch
Fazit	Diese Hürden stellten beträchtliche Einschränkungen für die Filmindustrie dar und begrenzten die Möglichkeiten für Innovation und kreative Freiheit. Die digitale Transformation hat viele dieser Hürden beseitigt oder zumindest reduziert und damit die Landschaft der Filmwirtschaft grundlegend verändert

in der Filmproduktion liefert Hangar11[1]). Die nachfolgende Tab. 3.2 zeigt die
Verbesserungen durch die Digitalisierung in der Filmindustrie:

Die Digitalisierung hat in der Filmindustrie einen Paradigmenwechsel ein-
geleitet. Sie hat die einst komplexen und kostspieligen Prozesse optimiert und
nicht nur erhebliche Kosten- und Zeiteinsparungen ermöglicht, sondern auch
die Tür für kreativen Ausdruck? und Innovation geöffnet. Sie hat die Produktion
von Filmen und Fernsehinhalten demokratisiert und sie zugänglicher gemacht,
sowohl in Bezug auf die Herstellung als auch die Verbreitung von Inhalten (vgl.
Kumb, 2014, S. 34 ff.). Mit erheblichen Verbesserungen in der Postproduktion,
der Reduzierung physischer Abhängigkeiten und der Effizienzsteigerung bei der
Lokalisierung und Verbreitung von Inhalten hat die Digitalisierung die Filmbranche auf ein neues Niveau gehoben. Sie hat ein Umfeld geschaffen, das die
Vielfalt und Qualität der produzierten Inhalte fördert und die Branche in eine Ära
der stetigen Innovation und Entwicklung führt. **René Jamm**, Geschäftsführer
der Warner Bros. International Television GmbH[2], beschreibt in seinem nachfolgenden Gastbeitrag den aktuellen Stand der digitalen Transformation in der
deutschen Produktionsbranche.

3.3   René Jamm (CEO WBITVP): Status quo der digitalen Transformation in der Produktionsbranche

Die digitale Transformation findet in der Medienwelt in vielen Bereichen statt.
Für uns als Produzenten sind dabei die durch die Transformation entstandenen
neuen Formen der Verwertung und der Formatierung besonders ausschlaggebend.

Die Verschmelzung verschiedener Ebenen durch Endgeräte technischer Ver-
breitungsvarianten findet in vollem Umfang statt. Inhalte müssen so produziert
werden, dass sie überall und zu jederzeit geschaut werden können. Das bedeutet,
dass Programme, die mehrfach verwendet werden, so konfektioniert sein
müssen, dass sie variable Formatstrukturen aufweisen – dass also die Länge,
der technische Standard und zum Teil auch der Look der jeweiligen Kanäle, auf
denen sie laufen, angepasst werden müssen.

---

[1] https://hangar-11.de

[2] https://www.wbitvpgermany.com

Tab. 3.2 Verbesserungen durch die Digitalisierung in der Filmindustrie

Hürde	Nach der Digitalisierung
Eingeschränkte Wiedergabe-möglichkeiten	Digitale Technologien haben die Beschränkungen der physischen Distribution beseitigt. Heute können Filme und Shows gleichzeitig in Kinos auf der ganzen Welt oder über Streaming-Dienste auf einer Vielzahl von Geräten gezeigt werden (vgl. Schaal, 2010, S. 53)
Kostspielige Nachproduktion	Digitale Bearbeitungs-Software hat die Nachproduktion revolutioniert. Effekte können in Echtzeit hinzugefügt und verändert werden, und Fehler können ohne den Bedarf an teuren Nachdrehs korrigiert werden
Lokalisierte Produktion und Distribution	Digitale Technologien haben auch die Lokalisierung von Filmen und Shows vereinfacht. Untertitel und Synchronisation können effizienter erstellt und angepasst werden, wodurch die Inhalte schneller auf globalen Märkten zugänglich gemacht werden können
Abhängigkeit von physischen Ressourcen	Die Abhängigkeit von physischen Ressourcen hat stark abgenommen. Filme können digital aufgenommen, bearbeitet und verteilt werden, wodurch das Risiko von Verlust oder Beschädigung minimiert wird
Begrenzte kreative Freiheit	Digitale Technologien haben die kreativen Möglich-keiten für Filmemacher erweitert. Von CGI-Effekten über nicht lineare Erzählungen bis hin zu interaktiven Formaten – die Möglichkeiten zur kreativen Gestaltung sind so vielfältig wie nie zuvor (vgl. Mikos, 2015, S. 234)
Längere Produktionszeiten	Durch die Automatisierung vieler Aspekte der Produktion, von der Filmbearbeitung bis zur Farb-korrektur, können Filme und Shows schneller produziert und auf den Markt gebracht werden
Fazit	Die digitale Transformation hat also nicht nur dazu beigetragen, viele der traditionellen Hürden in der Filmindustrie zu überwinden, sondern hat auch neue Möglichkeiten für Innovation und kreativen Ausdruck eröffnet

Die digitale Transformation hat die Programmfarben und den Programm-vertrieb geändert. Wurden Programme früher mehrfach verwendet, handelte es sich zumeist um Wiederholungen. Heute werden Programme gleichzeitig mehr-fach verwendet bzw. ausgestrahlt. Die Möglichkeiten, einzelne Folgen eines Programmes gleichzeitig auf allen Plattformen auszuspielen, rücken immer mehr in den Mittelpunkt.

Für Shows wie „Bares Für Rares", „First Dates" oder „Der Bachelor" werden Folgen sowohl für die lineare Ausstrahlung als auch für das Streaming produziert. Dadurch variieren Länge, Anzahl der Folgen und Formatierung. Gleichzeitig werden Clips aus den Programmen erstellt, die auf Social-Media-Kanälen verbreitet werden. Die Programme müssen den Anforderungen von Plattformen wie YouTube, Twitch und TikTok gerecht werden. Die Herausforderung besteht darin, ein Format zu schaffen, das für verschiedene Ebenen geeignet ist. Der Herstellungsprozess von Programmen setzt daher verstärkt auf digitale Technik und Software.

Die Mediatheken von ARD/ZDF, Streaming-Angebote wie RTL+/Joyn, Netflix, Paramount+, Amazon Prime und Plattformen wie Sky, Telekom, Giga TV/Vodafone/Pluto sind heutzutage auf allen Endgeräten verfügbar. 66 % aller Haushalte besitzen ein Smart-TV, was bedeutet, dass die Programmierung nicht mehr über die Fernbedienung, sondern mit dem Cursor erfolgt. Programme werden nicht nur einmal verwendet, sondern gleichzeitig auf verschiedenen Plattformen. Nach dem ersten Auswertungsfenster werden Programme von Plattform zu Sender, von Streamer zu YouTube, von Pluto zu Amazon weitergereicht. Die gleichzeitige Mehrfachverwertung und Zweitverwendung von Programmen ist mittlerweile Standard.

Die Endgeräte, insbesondere Smart-TVs, haben sich zu eigenständigen Programmanbietern entwickelt. Früher haben wir als Produzenten mit den Kunden zusammengearbeitet, die unsere Programme ausgestrahlt haben. Nun müssen wir uns jedoch darauf einstellen, dass „das Endgerät" selbst am Verhandlungstisch sitzt. Bei der Finanzierung von Programmen, insbesondere Fiction, arbeiten wir bereits mit mehreren Kunden zusammen, wie Distributoren, Sendern oder Streamern. Wenn jedoch Konzerne wie Samsung, LG und Huawei in die Verhandlungen einsteigen, ändern sich die Vorzeichen. Samsung hat beispielsweise bereits begonnen, eigenen Content zu produzieren und einzelne Programmtitel zu empfehlen. Früher wurden auf Endgeräten nur Genre-Empfehlungen wie Krimi, Show, Dokumentation oder Kinder angezeigt, jetzt werden konkrete Programmtitel empfohlen. Die Endgeräte werden zunehmend zu Gatekeepern des Inhalts. Für den Konsumenten bedeutet das Einschalten seines Smart-Geräts direkten Zugang zu einer Video-Content-Datenbank mit personalisierten Empfehlungen. Es entsteht praktisch eine digitale Programmzeitschrift, die sich teilweise individuell an den Zuschauer richtet. In diesem Kontext ist es für alle Sender und Produzenten von großer Bedeutung, deutlich sichtbar zu sein und präsent zu bleiben.

Parallel zur digitalen Transformation des Bewegtbild-Universums zogen viele Produktionshäuser nach und schlugen auch den Weg der digitalen Transformation ein. Hier muss allerdings klar unterschieden werden zwischen *lokaler interner Transformation* und *internationaler Transformation*.

Die *lokale Transformation* wird in fast allen Unternehmen genutzt und dient der Prozessoptimierung. Die Tools, die vermehrt eingesetzt werden, sind Technologien wie Künstliche Intelligenz[3] und Robotic Process Automation (RPA)[4], um manuelle und zeitaufwendige Aufgaben zu automatisieren und um die Produktivität zu steigern. WBITVP arbeitet beispielsweise mit Software-Programmen wie „Sage" zusammen. Das vereinfacht die Personalverwaltung und automatisiert sie zum Teil – Urlaubstage, Anwesenheit, Zeiterfassung werden automatisch erfasst. Mittels der Software „Just Produce", die wir einsetzen, werden Kosten (Einnahmen und Ausgaben) im Produktionsmanagement automatisch kontrolliert und für die Controller (weltweit) sichtbar und steuerbar gemacht.

In der Postproduktion kommen bei aufwendigen Produktionen vermehrt Automatisierungen zum Einsatz, um personalaufwendige Prozesse zu optimieren. Ein Beispiel ist die Bearbeitung von Videomaterial bei Reality Shows. Vor ein paar Jahren mussten noch hunderte von Stunden Material von sogenannten Sichtern bearbeitet werden. Heute wird mit einem digitalen Bild- und Text-Erkennungsprogramm gearbeitet, das selbstständig das Material scannt und nach Bild und Text sortiert (Stichwort: KI). Im Produktionsumfeld werden zudem zunehmend Remotekameras verwendet, die zentral aus einer Regie gesteuert werden oder sich automatisch durch Bilderkennung selbst steuern.

Weiterhin werden in großen, international vernetzten Produktionshäusern immer mehr *Collaboration-Tools* benutzt. Es werden cloudbasierte Collaboration-Tools wie Google Suite oder Microsoft Office 365 eingesetzt, um die Zusammenarbeit und Kommunikation innerhalb des Unternehmens zu verbessern und vor allem zu beschleunigen.

Noch in den Kinderschuhen steckt die Arbeit des Data-Driven Decisionmaking, sprich die Möglichkeit, *Big Data-Analyse-Tools* einzusetzen, um große Mengen an Daten zu sammeln, sie zu analysieren und zu nutzen, um fundierte

---

[3] Künstliche Intelligenz (KI) bezieht sich auf Systeme oder Maschinen, die komplexe Aufgaben eigenständig ausführen können, die normalerweise menschliche Intelligenz erfordern. Dies kann das Verstehen natürlicher Sprache, das Lösen von Problemen, das Erkennen von Mustern und das Lernen aus Erfahrungen einschließen. KI-Systeme können auf Grundlage von Algorithmen und großer Datenmengen trainiert werden, um menschenähnliche Fähigkeiten zu entwickeln (vgl. Bünte, 2018, S. 5).

[4] Robotic Process Automation (RPA) bezeichnet den Einsatz von Software-Robotern zur Automatisierung routinemäßiger und sich wiederholender Aufgaben, indem menschliche Interaktionen mit digitalen Systemen nachgeahmt werden (vgl. Smeets et al., 2019, S. 7 f.).

Entscheidungen zu treffen und die Geschäftsstrategie zu optimieren. Hier sind die Sender respektive Streamer wesentlich weiter, weil sie genauer auf diese Daten zurückgreifen können. Amazon, RTL, ZDF und Netflix kennen ihre Zuschauer und auch den Traffic auf ihren Programmen, Wissen, das sie aber nicht offen kommunizieren. Damit sind sie den Produktionsfirmen oft einen Schritt voraus, was beim Verkauf von Programmen nicht immer förderlich ist („Wissen ist Macht").

Cloud Computing[5] wiederum stellt einen Bereich dar, der sich bei Produktionsunternehmen immer mehr positioniert hat. Wir verwenden zur Bereitstellung von Videomaterial Cloud-Systeme wie *WeTransfer* – eine Filehosting-Plattform. Möchte der Kunde ein Programm sehen, das noch nicht gesendet wurde, stellen wir ihm das per WeTransfer für eine bestimmte Zeit zu Verfügung.

Bei Produktionen, die ein internationales Roll-out haben, werden zu einem festgelegten Zeitpunkt alle Informationen international über „BOX" oder unser eignes Tool „WB Screen" zur Verfügung gestellt. Internationale Konzerne wie das unsere verwenden täglich Screening- und Format-Datenbanken. Sie sind die Grundlage für eine schnelle Kommunikation in Hochzeiten des Verkaufs wie bei Programmmessen oder Creative Exchanges International – weltweite Programm-Events, auf denen Programminnovationen bekannt gegeben werden.

Mobile- und Remote-Arbeit hat seit der Covid-19-Pandemie sprunghaft zugenommen und sich etabliert. Die genannten digitalen Technologien werden zur Unterstützung der mobilen und remoten Arbeitsformen genutzt, um die Mitarbeiterproduktivität und die Arbeitszufriedenheit zu steigern und gleichzeitig die Kosten zu senken. Bei internationalen Produktionsfirmen haben sich eigene Datenbanken durchgesetzt.

Im Verbund werden Datenbanken aufgesetzt, in denen alle Inhalte eingefügt werden, auf die dann jeder Mitarbeiter weltweit zugreifen kann. Die internen Plattformen wie „wbitvd.com" geben jedem Mitarbeiter die Möglichkeit, alle Programme inklusive Konzept und EPKs[6] zu finden und damit zu arbeiten.

---

[5] Cloud-Computing bezeichnet die Internet-basierte Bereitstellung von IT-Diensten wie Speicher, Rechenleistung und Software. Diese Dienste werden nach Bedarf und tatsächlicher Nutzung abgerechnet, was Flexibilität und Kostenersparnis bietet (vgl. Reinheimer, 2018, S. 7 f.).

[6] EPK („Electronic Press Kit") ist eine Sammlung von Informationen und Materialien, zumeist verteilt an Medien und Interessierte, zur Promotion von Produkten, Events oder Künstlern. In der Filmindustrie enthält ein EPK oft Fotos, Trailer, Interviews und weitere filmbezogene Informationen.

Des Weiteren betreiben wir eine Datenbank, die beständig mit den neuesten Formaten, die es weltweit gibt, angereichert wird. Das Ziel dieser Datenbank besteht darin, dass Mitarbeiter aus der Konzerngruppe darauf einen Zugriff haben, was aktiv im Sales- oder Kreativprozess unterstützen kann. Diese Form des *Researchs* ist aber nicht nur den internationalen Firmen vorbehalten, sondern kann von jedem genutzt werden. Format-Research-Plattformen wie „THE WIT"[7] ermöglichen es jedem, fast jedes Format weltweit zu recherchieren. The Wit stellt zwar keine KI dar, allerdings könnte bei der großen Datenmenge, die täglich zur Verfügung gestellt wird, eine KI hilfreich sein. Die Plattform beobachtet und berichtet über die Programmentwicklungen weltweit.

Für unser Business ist es wichtig, eine „Idee", ein „Thema" vor dem zumeist kosten- und zeitintensivem Development Prozess mittels digitaler Datenbanken, Casting-Datenbanken oder Formatdatenbanken zu recherchieren und zu ermitteln, ob bereits ähnliche Themen oder Ideen existieren, die realisiert wurden. Das schützt uns vor überflüssigen Ausgaben und hilft gleichzeitig, mögliche Varianten zu entwickeln.

Effektivität und Schnelligkeit sind bei der Vielzahl an Programminhalten, die gesucht werden, immer wichtiger geworden. Die Fragmentierung der Bewegtbild-Landschaft erfolgt qualitativ und quantitativ in einem gesteigerten Maße. Als Produktionshaus geht es immer mehr darum, sich in Units aufzuteilen, die klar fokussiert entwickeln. Die Zeiten, in denen Genre-Programme (wie Handwerker -, Tierarzt -, Mechaniker-, Auto-)Dokus als nicht interessant abgetan wurden, sind vorbei. Sender und Streamer bauen ihr Programm vermehrt mit immer mehr Genrefarben auf. Enge, teilweise kleine und klar definierte Zielgruppen, stehen bei der Programmauswahl vermehrt im Mittelpunkt. Die Grundlagen sind zumeist Big-Data-Analysen.

Produktionsunternehmen, die international vernetzt sind. Sie werden den Markt, basierend auf ihrer digitalen Transformation, dominieren. Die Größe des Produktionsunternehmens ist dabei nicht immer ausschlaggebend, vielmehr die Art und Weise der Vernetzung und der Kommunikation. *Wie schnell schaffe ich es – mittels digitaler Wege – Erfahrungen, kreative Inhalte und produktionelle Strategien auszutauschen und zu optimieren?*

Wichtig ist die Nachhaltigkeit solcher Kommunikationsplattformen, auf denen zusammengearbeitet wird. Hier wird die Künstliche Intelligenz in der Zukunft ein wichtiger Bestandteil sein. Denn bei den Mengen von Informationen, die

---

[7] https://www.thewit.com

sich gerade bei einer zunehmenden Vernetzung ansammeln, wird eine manuell gepflegte Datenbank/Kommunikationsplattform nicht mehr händelbar sein. Weiterhin ist die Flexibilität eines Programms im Budget und im Inhalt wichtig. Die Programme müssen sich an den jeweiligen Markt anpassen und dürfen dabei nicht ihre DNA verlieren. Für jedes Produktionshaus, für jeden Rechteinhaber von Programmen ist es finanziell wichtig, dass ihr Programm international vertrieben werden kann. Hier hat die digitale Transformation schnell Einzug gehalten.

Ein Beispiel ist das Bachelor-Franchise. Früher wurden für das Bachelor-Franchise weltweit Flying Producer eingesetzt, um den Partnern die Funktionsweise der Show zu erklären. Heute gibt es die Plattform „WB-Screen", auf der wir eine Übersicht aller Bachelor-Franchise-Versionen präsentieren können. Diese Plattform zeigt alle Varianten des Formats, egal ob linear oder im Streaming. Auch alle existierenden Social-Media-Verwertungsketten und deren Auswirkungen werden dargestellt. Finanzierungsmöglichkeiten wie Sponsoring oder Product-Placements sind digital abrufbar. Produzenten und Kunden haben Einblick in alle Informationen zur Produktion und zu den verschiedenen Territorien.

Was bringt uns die Zukunft? Die Zukunft bringt eine hohe Reaktionsgeschwindigkeit und wenig Spielraum für aktives Handeln. Themen, Technik und Plattformen ändern sich rasch und werden durch neue ersetzt. Das Bewegtbild-Universum ist global, nicht lokal. Gatekeeper von Programminhalten wechseln ständig, große Sender und Streamer restrukturieren sich kontinuierlich. Es gibt immer neue Ansprechpartner, die aber auch schnell wieder verschwinden können. Um erfolgreich zu sein, ist es wichtig, flexibel zu sein und schnell auf Veränderungen zu reagieren. Anpassungsfähigkeit ist derzeit wichtiger als langfristige Strategien.

Wir haben uns dazu entschieden, dass das Geschichtenerzählen unsere Kernkompetenz ist. Mit einem Team von Menschen, die gestalten sollen und wollen, von den Finanzen bis zur Postproduktion. WBITVP ist ein Allrounder, der flexibel in der Erstellung von Programmen agiert. Diese Vision ist eine klare Unternehmenskultur, die eine breite Fokussierung auf das hat, was wir produzieren. Wir werden in den nächsten Jahren stärker unser Portfolio erweitern und in allen Bereichen des Bewegtbild-Marktes arbeiten.

Die digitale Technologie ist ein integraler Bestandteil unseres Geschäfts. Wir produzieren Programme, die nur aufgrund aktueller digitaler Technologie möglich sind – so Remote-Kamerasysteme, LED-Walls mit 3D-Inhalten, Spracherkennung, Online-Schnitt, Cloud-basiertes Arbeiten usw. Gleichzeitig setzen wir vermehrt digitale Systeme ein, um unseren ökologischen Fußabdruck klein zu halten (Stichwort: Green Producing) – Zoom Calls, Online-Writersrooms bis hin zu E-Fahrzeugen. Das Produktionsgeschäft und die Digitalisierung haben als einziges Hindernis die Kosten.

Unsere Kunden müssen mit einsteigen, um die digitale Arbeit und Technologie noch mehr nach vorne zu bringen. In Zukunft wird sich der Einsatz auch finanziell rechnen. Ein Unternehmen in unserer Größe kann nur mit digitaler Transformation wachsen. Dies findet mit neuen Programmen, Software, digitalen Leadership-Programmen oder auch einem weltweiten Intranet WBD-Workplace statt.

Wir werden Talente und Partner suchen, die uns immer wieder herausfordern. Ich bin der festen Überzeugung, dass Produktionshäuser wie unseres flexibel und schnell sein müssen. Dazu braucht es eine beständig wachsende Vernetzung und eine ständige Modernisierung der Abläufe mittels digitaler Technologie. Heute sprechen wir noch von Sendern und Streamern, morgen sprechen wir nur noch von Bewegtbild. Oder wie Anke Schäferkordt einmal formuliert hat: „TV ist nicht mehr die Abkürzung von Television, sondern von TotalVideo."

René Jamm
Managing Director
Warner Bros. Intertnational Television Production Deutschland GmbH
Niehler Str. 104
50733 Köln

© Martin Rottenkolber/WBITVP Deutschland

Website: https://www.wbitvpgermany.com
E-Mail: renejamm@me.com

René Jamm ist Managing Director bei Warner Bros. International Television Production Deutschland GmbH. Zusätzlich zu dieser Funktion engagiert sich René Jamm als Dozent an verschiedenen Hochschulen und betont die wachsende Bedeutung der digitalen Transformation als entscheidenden unternehmerischen Zukunftsfaktor.

Geschäftsmodelle, Wertschöpfungsketten und Plattformökonomie

4

Die Filmindustrie wurde durch die digitale Transformation nachhaltig beeinflusst. Diese hat nicht nur die Produktion und Verbreitung von Inhalten grundlegend verändert, sondern auch die *Geschäftsmodelle* und *Wertschöpfungsketten* neu definiert. Gleichzeitig hat sich die *Plattformökonomie* als wichtiger Katalysator dieser Veränderungen etabliert, indem sie neue Methoden zur Erstellung, Verbreitung und Monetarisierung von Inhalten ermöglicht. In diesem Kapitel werden wir diese Entwicklungen genauer untersuchen und ihre Auswirkungen auf die Filmbranche beleuchten.

4.1 Veränderung von Geschäftsmodellen und Wertschöpfungsketten

Die Filmindustrie hat eine Geschichte voller Veränderungen und Anpassungen durchlebt, die hauptsächlich auf den technologischen Fortschritt und die Digitalisierung zurückzuführen sind. Vor dem digitalen Zeitalter war die Branche stark strukturiert, mit hohen Kosten und komplexer Logistik für die Produktion, was den Zugang für Neueinsteiger erschwerte (vgl. Schüller, 2015, S. 24 f.). Die traditionelle Wertschöpfungskette wurde von großen Produktionsstudios und Fernsehsendern dominiert und war linear und hierarchisch aufgebaut. Ein Beispiel dafür ist das Hollywood-Studio-System, bei dem Großkonzerne wie Paramount, Warner Bros. und MGM nahezu die gesamte Filmproduktion und -verteilung kontrollierten (vgl. Scholz, 2016, S. 106 f.). Dieses zentralisierte System hatte sowohl positive als auch negative Auswirkungen auf die Branche, indem es Gewinne und kreative Kontrolle vereinte, aber gleichzeitig Vielfalt und Innovation einschränkte.

A. Sass, *Die digitale Transformation in der Filmindustrie*, essentials, https://doi.org/10.1007/978-3-658-43258-4_4

Die Digitalisierung hat die traditionellen Strukturen und Praktiken der Film-wirtschaft grundlegend verändert. Sie hat eine Demokratisierung ermöglicht, indem sie die Kosten für hochwertige Inhalte drastisch gesenkt hat. Digitale Technologien wie hochauflösende Kameras und professionelle Videobe-arbeitungs-Software sind nun weit verbreitet und erschwinglich. Dadurch können unabhängige Filmemacher und kleinere Produktionsfirmen auf einem Niveau arbeiten und ihre Werke präsentieren, was früher nur den großen Studios vor-behalten war (vgl. Abschn. 3.2).

Die Produktionsfirma „BTF" (Bildundtonfabrik)[1] ist ein herausragendes Bei-spiel in Deutschland für die Nutzung von Online-Plattformen zur Verbreitung von Inhalten. Mit innovativen Formaten wie „Neo Magazin Royale" konnten sie eine große Online-Community aufbauen und ihre Inhalte einem internationalen Publikum zugänglich machen. Durch die Verwendung von Online-Plattformen waren sie unabhängig von traditionellen Fernsehstrukturen und konnten ihre Inhalte flexibel und schnell veröffentlichen. Diese digitale Strategie hat BTF zu einem Vorreiter in der deutschen Medienlandschaft gemacht und verdeutlicht, wie die Digitalisierung neue Chancen für unabhängige Produzenten eröffnet hat.

Die Veränderung geht jedoch über die Produktion hinaus und betrifft auch den *Vertrieb* von Inhalten. Streaming-Dienste wie Netflix, Hulu und Paramount+ haben das traditionelle Vertriebsmodell von Filmen und Fernsehshows ver-ändert. Diese Plattformen ermöglichen es den Konsumenten, Inhalte nach Wunsch zu streamen, anstatt auf festgelegte Sendezeiten angewiesen zu sein (vgl. Murschetz, 2019, S. 79). Sie ermöglichen es den Produzenten zudem, ihre Inhalte direkt an das Publikum zu liefern, ohne von traditionellen Vertriebswegen wie Kinos oder Fernsehsender abhängig zu sein. Dies hat zur *Entwicklung neuer Geschäftsmodelle* beigetragen, die auf Abogebühren und einer datengetriebenen Personalisierung basieren, um den Verbraucherbedürfnissen gerecht zu werden.

Darüber hinaus zielen neuartige Geschäftsmodelle darauf ab, die Effizienz des Produktionsprozesses und der gesamten Wertschöpfungskette zu erhöhen sowie die Kosten zu senken. Dabei bedienen sie sich einer Vielzahl technologischer Innovationen. Ein hervorstechendes Beispiel hierfür ist die Verlagerung der Post-produktion in die Cloud. Unternehmen wie Frame.io[2] und Blackbird[3] setzen bei-spielsweise auf diese Technologie, um Bearbeitungsprozesse zu optimieren und eine Kollaboration in Echtzeit zu ermöglichen, unabhängig vom Standort der

---

[1] https://btf.de
[2] https://frame.io
[3] https://www.blackbird.video

Abb. 4.1 The Mandalorian. (Quelle: Landsiel, 2021)

Mitarbeiter. Das Potenzial, das in dieser Technologie steckt, ist immens und verändert grundlegend die Art und Weise, wie Filmschaffende miteinander interagieren und zusammenarbeiten.

Die Fortschritte in der Virtual-Reality-Technologie eröffnen weitere Möglichkeiten zur Effizienzsteigerung. Die sogenannte virtuelle Produktion, bei der Echtzeit-Rendering zum Einsatz kommt, ermöglicht es Filmemachern, virtuelle Sets zu erstellen, die sich in Echtzeit verändern können (vgl. Kadner, 2019, S. 10). Dieser Ansatz wurde zum Beispiel bei der Produktion der TV-Serie „The Mandalorian" angewendet, bei der virtuelle Hintergründe mit physischen Elementen auf der Bühne kombiniert wurden, um beeindruckende visuelle Effekte zu erzeugen (Abb. 4.1).

Zum Trailer:

(Quelle: StarWars YouTube Channel/Disney)
(Link: https://www.youtube.com/watch?v=aOC8E8z_ifw)

Abb. 4.2 „The Irishman". (Quelle: Broliver, 2020)

Auch der Einsatz von Künstlicher Intelligenz (KI) ist in der Branche auf dem Vormarsch (vgl. Erich Pommer Institut, 2020). Unternehmen wie ScriptBook[4] setzen KI beispielsweise zur Analyse und Vorhersage des Erfolgs von Drehbüchern ein, während andere die Technologie zur automatisierten Bearbeitung von Videos nutzen. Zudem entwickeln sich digitale Doppelgänger und Deepfake-Technologien rasant weiter, die realistische digitale Abbilder von Schauspielern erzeugen können. Hierbei erweist sich der „Irishman" von Martin Scorsese als Pionier, der mittels solcher Techniken Schauspieler digital verjüngte (Abb. 4.2).[5]

Zum Trailer:

(Quelle: Netflix)
(Link: https://www.youtube.com/watch?v=Jd10x8LiuBc)

---

[4] https://www.scriptbook.io/#!/

[5] Medium: https://medium.com/predict/netflix-vs-deepfake-the-irishman-1d4754de2701, abgerufen am 4.06.2023.

Schließlich zeichnet sich auch ein Trend zur Automatisierung von Workflows ab. Unternehmen wie Avid (Media Composer) und Adobe (Premiere Pro) investieren stark in die Automatisierung von Prozessen, um zeitaufwendige Aufgaben wie das Synchronisieren von Aufnahmen oder das Organisieren von Dateien zu vereinfachen.

Zusammenfassend lässt sich festhalten, dass die digitale Transformation weitreichende Veränderungen mit sich bringt. Sie revolutioniert nicht nur die Herstellung und Distribution von Inhalten, sondern bringt auch neue digitale Geschäftsmodelle hervor, die sich auf innovative Technologien und Methoden stützen. Diese erweitern die traditionellen Einnahmequellen und ermöglichen neue Formen der Monetarisierung und Kundenbindung. Allerdings erfordert die Integration dieser Technologien und Geschäftsmodelle sorgfältige Planung und strategisches Denken. Nur so können Unternehmen das volle Potenzial dieser Ansätze ausschöpfen und ihre Wettbewerbsposition stärken. Es ist daher entscheidend, dass Unternehmen sowohl die Vorteile als auch die Herausforderungen dieser Transformation verstehen und Strategien entwickeln, um sie effektiv zu managen.

4.2 Einführung und Bedeutung der Plattformökonomie

In den letzten Jahren hat sich die Plattformökonomie als eine dominante und treibende Kraft in der globalen Wirtschaft herauskristallisiert. In der Filmwirtschaft hat die Plattformökonomie besonders beeindruckend gezeigt, wie sie bestehende Wertschöpfungsketten transformieren und neue Geschäftsmodelle ermöglichen kann (vgl. Abschn. 4.1). Dies zeigt sich, wie bereits an verschiedenen Stellen in diesem Buch thematisiert, vor allem in der wachsenden Dominanz von Streaming-Plattformen sowie Social-Media-Plattformen wie YouTube und TikTok, die eine neue Ära der Produktion, der Verbreitung und des Konsums von audiovisuellen Inhalten eingeläutet haben.

Die Plattformökonomie beruht auf digitalen Technologien und nutzt die Vorteile des Internets, um verschiedene Benutzergruppen – in diesem Fall Film- und Fernsehmacher und ihr Publikum – zusammenzubringen. Diese digitalen Plattformen dienen als Vermittler und schaffen Mehrwert durch die Vernetzung von Nutzern und Ressourcen (vgl. Dörr, 2020, S. 19). Sie stellen die technische Infrastruktur und Benutzeroberflächen bereit, die es den Nutzern ermöglichen, Inhalte zu produzieren, zu teilen und zu konsumieren, und schaffen damit eine digitale

Umgebung, in der Kreativität und Interaktion gedeihen können (vgl. Paul & Wollny, 2020, S. 303).

Netflix ist ein Paradebeispiel für den Erfolg der Plattformökonomie in der Filmindustrie. Ursprünglich als Online-DVD-Verleih gestartet, hat sich Netflix zu einer globalen Streaming-Plattform entwickelt und das traditionelle Fernsehmodell revolutioniert (vgl. Brügner, 2015, S. 15). Durch die Einführung von „Binge-Watching" und personalisierten Empfehlungen hat Netflix die Sehgewohnheiten der Nutzer verändert. Aber nicht nur etablierte Streaming-Dienste profitieren von der Plattformökonomie, sondern auch soziale Medien wie YouTube und TikTok. Diese Plattformen ermöglichen es Nutzern, eigene Inhalte zu erstellen und direkt mit ihrem Publikum zu interagieren. YouTube-Stars wie PewDiePie und MrBeast sowie Bildungsinfluencer wie „Kurzgesagt – In a Nutshell" und Kosmetikexperten wie „NikkieTutorials" haben eine neue Art des Star-Daseins und des Storytellings entwickelt, die sich stark von traditionellen Formaten unterscheidet.

Diese Plattformen generieren Einnahmen auf verschiedene Weisen, darunter Abonnements, Werbung und Provisionen für Transaktionen auf der Plattform. Besonders interessant ist dabei das Freemium-Modell, das bei vielen Plattformen wie Spotify und YouTube zum Einsatz kommt. Bei diesem Modell können Nutzer kostenlos auf den Grundservice zugreifen, während erweiterte Funktionen oder werbefreie Nutzung gegen eine Gebühr zur Verfügung stehen (vgl. Anderson et al., 2009, S. 37 f.). Dieses Modell hat sich als sehr erfolgreich erwiesen, da es eine breite Nutzerbasis anspricht und gleichzeitig einen Anreiz für die Nutzer bietet, auf kostenpflichtige Angebote upzugraden.

Abschließend hat die Plattformökonomie die Filmindustrie grundlegend transformiert, indem sie Produktion, Verbreitung und Geschäftsmodelle neugestaltet hat. Sie hat den Zuschauern mehr Kontrolle ermöglicht und ein dynamisches Umfeld mit zahlreichen Möglichkeiten und Herausforderungen geschaffen.

4.3   Ökonomische Auswirkungen auf die Filmindustrie

Die ökonomischen Auswirkungen der digitalen Transformation auf die Filmbranche sind weitreichend. Neue Umsatzquellen, veränderte Geschäftsmodelle und Effizienzsteigerungen in der Produktion sind einige der Aspekte. Ein zentraler Vorteil liegt in der Entbündelung und Dezentralisierung der Wertschöpfungskette. Produktionsfirmen und Kreative können durch direkten Zugang zu den Zuschauern traditionelle Vertriebswege umgehen und mehr Kontrolle über ihre Einnahmen erlangen (vgl. Geser, 2014, S. 165). Streaming-Plattformen bieten attraktive Möglichkeiten zur Monetarisierung von Inhalten durch globale Reichweite und Abonnements oder Pay-per-View-Modelle.

Die digitalen Produktionsmethoden bieten eine kosteneffiziente Lösung. Erschwingliche hochauflösende Kameras und leistungsfähige Computer ermöglichen Animationen, Spezialeffekte und Postproduktion. Durch Cloud-Technologie können Teams über große Entfernungen hinweg zusammenarbeiten und auf leistungsstarke Ressourcen zugreifen. Ein bemerkenswertes Beispiel ist der Film „Tangerine" von Sean Baker, der ausschließlich mit einem iPhone gedreht wurde. Dies zeigt, wie die Digitalisierung die Einstiegshürden senkt und kreative Möglichkeiten erweitert (Abb. 4.3).

Abb. 4.3 Tangerine L.A.
(Quelle: good!movies)

Zum Trailer:

(Quelle: Magnolia Pictures & Magnet Releasing)
(Link: https://www.youtube.com/watch?v=ALSwWTb88ZU)

Die digitale Transformation ermöglicht eine effizientere Marktanalyse und -segmentierung. Plattformen wie Netflix nutzen Algorithmen und Datenanalyse, um das Zuschauerverhalten zu verstehen und Inhalte individuell anzupassen (vgl. Gentsch, 2018, S. 69). Dadurch steigen Zuschauerzahlen und Abonnements. Die Plattformökonomie hat auch zur Internationalisierung der Filmindustrie beigetragen. Inhalte können schnell auf globalen Märkten verfügbar gemacht werden, was zusätzliche Einnahmequellen schafft. Allerdings profitieren hauptsächlich die Plattformen von diesen Analysen, da Produzenten keinen Zugriff auf die Daten haben.

Die digitale Transformation und die Plattformökonomie haben der Filmindustrie neue ökonomische Möglichkeiten eröffnet, jedoch auch neue Herausforderungen mit sich gebracht. Die Kosteneffizienz und Rentabilität wurden gesteigert, während der Schutz des geistigen Eigentums vor Piraterie eine große Hürde darstellt. Die Bewahrung der kulturellen Vielfalt ist ebenfalls wichtig, um sicherzustellen, dass alle Stimmen gehört und repräsentiert werden. Maßnahmen wie gezielte Förderprogramme und Quoten in den Algorithmen der Streaming-Plattformen könnten dabei unterstützen.

Digitale Technologien und ihre Anwendung

5

In diesem Kapitel untersuchen wir den tiefgreifenden Wandel der Filmindustrie durch Schlüsseltechnologien: Künstliche Intelligenz (KI), Virtual Reality (VR) und Augmented Reality (AR), Cloud Computing und Blockchain. Diese Technologien revolutionieren sowohl kreative Prozesse als auch Geschäftsmodelle in der Branche. Im Folgenden beleuchten wir konkrete Anwendungsfälle und Praxisbeispiele, die den Einfluss dieser Technologien auf die Filmindustrie verdeutlichen.

5.1   Überblick über wichtige Technologien

Den bemerkenswerten Wandel, den die Filmwirtschaft seit ihren Anfängen durchlebt, wird durch den zunehmenden Einfluss digitaler Technologien vorangetrieben. Insbesondere vier Technologien – *Künstliche Intelligenz (KI), Virtual Reality (VR)* und *Augmented Reality (AR), Cloud Computing* sowie *Blockchain* – haben eine zentrale Rolle in dieser Transformation gespielt. Jede dieser Technologien besitzt einzigartige Eigenschaften und Potenziale, die es ermöglichen, sowohl die kreativen Prozesse als auch die Geschäftsmodelle der Filmwirtschaft neu zu gestalten.

Die Künstliche Intelligenz (KI) hat erhebliche Auswirkungen auf den Filmsektor, indem sie eine Vielzahl von Aufgaben optimiert. KI-Systeme können zur Datenauswertung eingesetzt werden, um tiefgehende Einblicke in das Zuschauerverhalten zu erzielen und Inhalte dem Publikumsgeschmack entsprechend

© Der/die Autor(en), exklusiv lizenziert an Springer Fachmedien Wiesbaden GmbH, ein Teil von Springer Nature 2023
A. Sass, *Die digitale Transformation in der Filmindustrie*, essentials,
https://doi.org/10.1007/978-3-658-43258-4_5

anzupassen.[1] Zudem kann KI bei der Filmbearbeitung und sogar der Erstellung von Drehbüchern assistieren. Cinelytic[2], ein innovatives Unternehmen im Filmsektor, nutzt KI zur Analyse umfangreicher Daten aus diversen Quellen, um fundierte Prognosen über den potenziellen Erfolg von Filmen zu generieren. Die Analysefaktoren reichen von der Beliebtheit von Schauspielern und dem Genre des Films bis hin zum Veröffentlichungszeitpunkt. Diese präzise, datengesteuerte Entscheidungsfindung verändert grundlegend die Genehmigungs- und Vermarktungsprozesse in der Filmindustrie. Ein weiteres KI-Pionierunternehmen, Vionlabs[3], verwendet maschinelles Lernen, um das Verhalten der Nutzer detailliert zu analysieren und basierend auf diesen Erkenntnissen personalisierte Inhaltsvorschläge zu erstellen. Diese individualisierten Empfehlungen verbessern das Seherlebnis und erhöhen die Wahrscheinlichkeit, dass Zuschauer weiterhin engagiert bleiben und neue Inhalte entdecken. Dies verdeutlicht die transformative Rolle der KI in der Art und Weise, wie Inhalte kuratiert und an das Publikum geliefert werden.

Virtual Reality (VR) und Augmented Reality (AR) repräsentieren eine neue Ära im Storytelling, indem sie immersive, interaktive Zuschauererlebnisse ermöglichen. VR versetzt das Publikum in komplett virtuelle Welten, während AR die reale Welt mit digitalen Elementen anreichert, um eine zusätzliche Interaktionsebene zu schaffen (vgl. Mehler-Bicher & Steiger, 2022, S. 9). Diese Technologien erweitern nicht nur die kreativen Möglichkeiten für Filmemacher, sondern personalisieren auch das Publikumserlebnis. Das VR-Erlebnis „Carne y Arena" von Regisseur Alejandro G. Iñárritu ist ein beispielhaftes Vorzeigeprojekt, welches eine tiefgreifende emotionale Erfahrung simuliert – die einer Migrantenerfahrung an der US-mexikanischen Grenze – und somit die transformative Kraft von VR/AR im Filmkontext veranschaulicht (Abb. 5.1).

---

[1] https://www.faz.net/asv/thematisch-investieren/kuenstliche-intelligenz-alltagsbeispiel-netflix-17005381.html

[2] https://www.cinelytic.com

[3] https://www.vionlabs.com

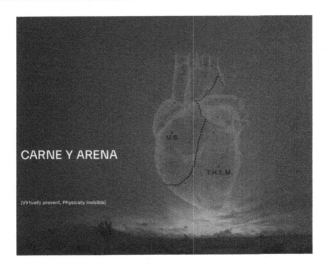

Abb. 5.1 Carne y Arena. (Quelle: PHI Studio)

Zum Trailer:

(Quelle: PHI)
(Link: https://www.youtube.com/watch?v=9yRCym6c6Q4)

Ein weiteres Beispiel ist *Volucap*[4] aus Deutschland, das volumetrische Video-technologie einsetzt, um realistische 3D-Darstellungen von Personen und Objekten für virtuelle Umgebungen zu erzeugen (und Filme somit begehbar macht). Dies verändert grundlegend die Art und Weise, wie visuelle Inhalte für Filme und Fernsehsendungen produziert warden (Abb. 5.2).

---

[4] https://volucap.com

Abb. 5.2 Volucap Studioumgebung. (Foto: Arnold & Richter Cine Technik GmbH & Co.
Betriebs KG)

Zum Video:

(Quelle: Volucap)
(Link: https://www.youtube.com/watch?v=rbnT6Ro--vE)

Cloud Computing, eine entscheidende Technologie, die den Zugriff auf Rechenleistung, Speicherplatz und Software-Anwendungen über das Internet statt auf
lokalen Servern oder PCs ermöglicht, spielt eine bedeutende Rolle in der Transformation der Filmbranche. Durch seine inhärente Skalierbarkeit ermöglicht
Cloud Computing den Filmproduzenten, Ressourcen nach Bedarf zu nutzen und
somit effizient aufwendige Renderprozesse durchzuführen, was zu signifikanten
Kosteneinsparungen führt.[5] Zudem revolutioniert es die Zusammenarbeit in ver-
teilten Teams, da es unabhängig von geografischen Einschränkungen den Zugriff
auf und die Arbeit an gemeinsamen Projekten ermöglicht. Ein prominentes

---

[5] https://www.t-systems.com/de/de/referenzen/cloud-und-infrastructure/ufa

Beispiel ist die Animationsfirma Pixar, die aufgrund des hohen Rechenaufwands ihrer detaillierten Animationen Cloud-Technologien nutzt, exemplarisch beim Film „Toy Story 4", für den über 100 Mio. Stunden Rechenzeit in der Cloud genutzt wurden (siehe auch: Mikos, 2015, S. 234). Insgesamt ist Cloud Computing ein wesentlicher Faktor für die Digitalisierung der Filmindustrie, da es eine flexible Bereitstellung von Rechenressourcen ermöglicht und die Zusammenarbeit in verteilt arbeitenden Teams optimiert.

Die vierte wichtige Technologie ist die *Blockchain*[6], die vor allem durch ihre Anwendung in Kryptowährungen wie Bitcoin bekannt geworden ist. Die Blockchain ist eine dezentrale und transparente Technologie, die die Sicherheit und Nachvollziehbarkeit von Transaktionen gewährleistet (vgl. Heim, 2021, S. 104). In der Filmbranche kann die Blockchain-Technologie dazu genutzt werden, die *Verwaltung von Rechten zu verbessern, indem sie eine sichere und transparente Dokumentation von Eigentumsrechten und Transaktionen ermöglicht (vgl. Kollmann, 2019, S. 22).* Darüber hinaus kann die Blockchain zur Rückverfolgbarkeit von Inhalten beitragen und neue Monetarisierungsmodelle ermöglichen, indem sie direkte Transaktionen zwischen Erstellern und Konsumenten ohne Zwischenhändler ermöglicht. Ein Beispiel hierfür ist SingularDTV[7], das eine dezentrale Plattform für Künstler und Zuschauer aufbaut. Diese ermöglicht es Künstlern, ihre Arbeit direkt an das Publikum zu verkaufen und gleichzeitig die vollständige Kontrolle und Transparenz über ihre geistigen Eigentumsrechte zu behalten. Ein weiterer interessanter Anwendungsfall ist das Projekt MovieCoin[8], das die Blockchain-Technologie nutzt, um Filmfinanzierung und Investitionen transparenter und effizienter zu machen. Durch die Nutzung der Blockchain können Investoren direkt in Filmprojekte investieren und den Erfolg ihrer Investitionen in Echtzeit verfolgen. Es stellt einen Paradigmenwechsel dar, wie Filme finanziert und Einnahmen generiert warden (Abb. 5.3).

Im Kontext der digitalen Transformation der Filmbranche gewinnen verschiedene Technologien und Trends an Bedeutung. Neben bereits thematisierten Technologien wie Künstlicher Intelligenz (KI), Virtual und Augmented Reality

---

[6] Blockchain ist eine dezentrale, verteilte Datenstruktur, die Transaktionen in kryptografisch gesicherten Blöcken speichert, wodurch eine transparente und manipulationssichere Aufzeichnung aller Transaktionen ermöglicht wird. Sie findet Anwendung in Bereichen wie Kryptowährungen, Supply Chain Management und digitale Identitätsprüfung (3 Izzo-Wagner & Siering, 2020, S. vgl. ff.).

[7] https://singulardtv.com

[8] https://moviecoin.com

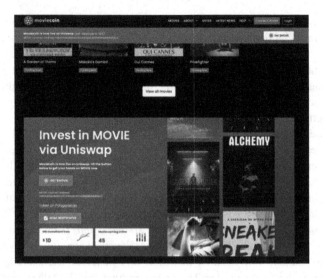

Abb. 5.3 Screenshot MovieCoin. (Quelle: MovieCoin)

(VR/AR) und Blockchain, spielen 5G- und Cloud-Technologien, etwa bei Netflix für die Optimierung von Produktionsprozessen, eine wichtige Rolle.[9] Ebenso relevant ist das aufkommende Modell des Free Ad-Supported Streaming Television (FAST), welches Benutzern kostenlosen Zugang zu Inhalten bietet.[10] Zudem ist Nachhaltigkeit in der Produktion ein wachsender Trend, erkennbar an einem Werkzeug wie „Albert" von der BBC[11], das zur Messung und Reduzierung des Kohlenstoff-Fußabdrucks eingesetzt wird. Diese Technologien und Trends revolutionieren nicht nur Produktions- und Verbreitungsprozesse, sondern auch die Art und Weise des Erzählens und Rezipierens und prägen somit entscheidend die Zukunft der Filmindustrie.

---

[9] https://aws.amazon.com/de/solutions/case-studies/innovators/netflix/,   abgerufen   am 14.07.2023.

[10] https://mediennetzwerk-bayern.de/media-date-fast-markt/#top, abgerufen am 14.07.2023.

[11] https://www.bbc.co.uk/delivery/sustainable-productions, abgerufen am 14.07.2023.

5.2 Die Realität: Stagnation in der Filmindustrie durch fehlende digitale Vision und Transparenz

Die Filmindustrie hat im Zuge des technologischen Fortschritts eine bemerkenswerte Evolution durchlaufen. Revolutionäre Innovationen haben nicht nur kreative und geschäftliche Prozesse neu definiert, sondern auch neue Möglichkeiten für Effizienz, Reichweite und kreative Ausdrucksformen eröffnet. Als Beispiele seien hier „Tonfilm", „Farbfilm" und „Streaming" genannt.

Im Vorfeld der Erstellung dieses Buches wandten wir uns an gut etablierte deutsche Firmen und Produktionshäuser, von denen wir wussten, dass sie den Fokus auf Digitalisierung, Nachhaltigkeit und Innovationsfreude legen. Unser Anliegen war es, konkrete Einblicke in die Transformation von Produktionsprozessen, neue Kundengewinnungs- und Marktzugänge oder neue Vertriebsmodelle zu erhalten.

Leider waren die Antworten, die wir erhielten, enttäuschend. Keines der angefragten Unternehmen war bereit, ihre Erfolgsgeschichten mit der Branche zu teilen. International etablierte Studiobetreiber und Produktionshäuser konnten keinen Beitrag zum Thema „digitale Produktionstechniken" liefern, und national tätige Streaming-Anbieter und Lizenzverwerter wollten sich nicht zur „Digitalisierung der Vertriebswege" äußern.

Diese Zurückhaltung mag darauf zurückzuführen sein, dass die Offenlegung von Projektinformationen immer das Risiko birgt, den eigenen Wettbewerbsvorteil zu gefährden. Aber in einer Branche, die sich selbst als „Traumfabrikanten" bezeichnet, sollte Innovationsbereitschaft selbstverständlich sein.

Die Absagen, die wir erhielten, legen jedoch nahe, dass viele Entscheidungsträger in diesem Bereich nicht in der Lage sind, entsprechende Aussagen zu treffen. Es scheint, dass in ihren Unternehmen schlichtweg keine Digitalstrategie vorhanden ist, um durch Digitalisierungsmaßnahmen Wettbewerbsvorteile zu erzielen.

Leitfaden zur digitalen Transformation 6

In der heutigen Zeit der Digitalisierung und rapider technologischer Veränderungen ist die digitale Transformation für Unternehmen in der Filmindustrie kein Luxus mehr, sondern *eine Notwendigkeit.* Die digitale Transformation ermöglicht es, neue Märkte zu erschließen, effizienter zu arbeiten, die Kundenbindung zu erhöhen und in einem immer stärker umkämpften Markt wettbewerbsfähig zu bleiben. Die digitale Transformation ist jedoch kein einmaliges Projekt, sondern ein fortlaufender Prozess, der alle Aspekte des Unternehmens berührt – von den Geschäftsmodellen und Prozessen über die Technologien bis hin zur Unternehmenskultur und den Fähigkeiten der Mitarbeiter. *Dieser Prozess erfordert eine klare Strategie, starke Führung, die richtigen Technologien und eine bereitwillige und kompetente Belegschaft.*

In den folgenden Abschnitten bieten wir einen Leitfaden zur digitalen Transformation in der Filmindustrie. Diese Roadmap soll dazu dienen, Produzenten und Entscheidungsträger in dieser Industrie bei der Planung und Durchführung ihrer digitalen Transformation zu unterstützen. Sie bietet einen strukturierten Ansatz, der die Komplexität der digitalen Transformation in handhabbare Schritte unterteilt und es ermöglicht, den Fortschritt kontinuierlich zu überwachen und bei Bedarf anzupassen.

1. **Identifizieren Sie die relevanten digitalen Trends:** Erkennen Sie, welche digitalen Trends für Ihr Produktionsunternehmen relevant sind. Das könnten neue Kameratechnologien, Postproduktions-Software oder digitale Distributionsplattformen sein. Informieren Sie sich regelmäßig über technologische Neuerungen und halten Sie Ausschau nach Möglichkeiten, diese in Ihre Produktionen zu integrieren, um Ihre Produktionsabläufe konsequent vereinfachen zu können.

A. Sass, *Die digitale Transformation in der Filmindustrie,* essentials,
https://doi.org/10.1007/978-3-658-43258-4_6

2. **Analysieren Sie den aktuellen Stand:** Bestimmen Sie den digitalen Reifegrad Ihres Unternehmens. Können Sie neue (digitale) Technologien schnell adaptieren? Haben Sie bestimmte Technologien bereits erfolgreich implementiert? Konnten Sie das erforderliche Know-how dazu an Bord holen? Wie stark sind Sie in der digitalen Postproduktion? Wie effizient ist Ihre digitale Infrastruktur? Identifizieren Sie Stärken und Schwachstellen, um ein klares Bild davon zu bekommen, wo Sie stehen.

3. **Formulieren Sie klare Ziele:** Basierend auf Ihrer Analyse, legen Sie Ziele für Ihre digitale Transformation fest. Möchten Sie effizienter produzieren? Möchten Sie neue Formate oder Geschäftsmodelle, wie beispielsweise Streaming-Serien, ausprobieren? Diese Ziele sollten SMART sein: spezifisch, messbar, attraktiv, realistisch und terminiert.

4. **Entwickeln Sie eine digitale Strategie:** Erstellen Sie einen Plan, wie Sie Ihre Ziele erreichen möchten. Dazu gehört auch, die notwendigen Ressourcen zu identifizieren und festzulegen, in welcher Reihenfolge die Maßnahmen umgesetzt werden sollen.

5. **Implementieren Sie die Transformation:** Beginnen Sie mit der Umsetzung Ihrer Strategie. Dies kann die Einführung neuer Technologien beinhalten, aber auch die Umstrukturierung Ihrer Teams oder die Änderung Ihrer Produktionsprozesse. In diesem Schritt ist es wichtig, flexibel zu sein und Ihre Pläne bei Bedarf anzupassen.

6. **Bewerten Sie Ihren Fortschritt:** Führen Sie regelmäßig Checkpoints durch, um den Fortschritt Ihrer digitalen Transformation selbstkritisch zu hinterfragen und aufkommende Risiken oder Strukturprobleme zu bewerten. Nutzen Sie dazu die von Ihnen festgelegten Kennzahlen und Meilensteine (Key Performance Indicators). Sammeln Sie Feedback von Ihren Mitarbeitern und Partnern.

7. **Stellen Sie kontinuierliche Weiterbildung sicher:** Technologien entwickeln sich ständig weiter, daher ist eine kontinuierliche Weiterbildung unerlässlich. Stellen Sie sicher, dass Ihre Mitarbeiter Zugang zu Schulungen und Ressourcen haben, um ihre digitalen Fähigkeiten weiterzuentwickeln.

8. **Seien Sie offen für Innovationen:** Die digitale Transformation erfordert eine Kultur der Offenheit und des Experimentierens. Seien Sie bereit, neue Dinge auszuprobieren, und sehen Sie Misserfolge als Gelegenheit zum Lernen.

Diese spezifischen Schritte ermöglichen eine zielgerichtete digitale Transformation, angepasst an die Filmbranche. Sie gewährleisten eine strategische, strukturierte Transformation, abgestimmt auf Ihr Unternehmen. Es ist wichtig zu beachten, dass die digitale Transformation eine langfristige Verpflichtung ist und wahrscheinlich Herausforderungen und Schwierigkeiten mit sich bringen wird. Aber mit der richtigen Planung und Umsetzung kann sie auch erhebliche Vorteile und Chancen bieten.

6.1 Unterstützung bei der digitalen Transformation: Ihre Partner

Eine erfolgreiche digitale Transformation in der Filmindustrie ist selten das Werk eines Einzelnen. Es handelt sich um einen komplexen Prozess, der zahlreiche Fachkenntnisse erfordert – von der Informationstechnologie über das Projektmanagement bis hin zum Change-Management und zur Unternehmensstrategie. Es ist daher wichtig, die richtigen Partner zu haben, die Sie auf diesem Weg unterstützen können. Im folgenden Abschnitt werfen wir einen Blick auf die verschiedenen Akteure, die eine Schlüsselrolle bei Ihrer digitalen Transformation spielen können.

1. **Technologielieferanten:** Diese Anbieter entwickeln spezialisierte Lösungen wie Software für virtuelle Produktion, KI-Analyse-Software oder Blockchain-Plattformen. Sie bieten nicht nur Technologien, sondern auch Beratung und Schulung, um den Einsatz ihrer Produkte zu erleichtern. Die Auswahl des richtigen Anbieters sollte eine nahtlose Integration in das bestehende System berücksichtigen.
2. **Beratungsfirmen und Dienstleister:** Spezialisierte Beratungsunternehmen, zum Beispiel Fraunhofer Institute, können maßgeschneiderte digitale Strategien entwickeln und bei der Implementierung neuer Technologien helfen. Sie bieten auch Schulungen für Personal, um den reibungslosen Übergang zu digitalisierten Arbeitsabläufen zu gewährleisten.
3. **Fachverbände und Netzwerke:** Organisationen wie der Bundesverband Digitale Wirtschaft (BVDW) oder nextmedia.hamburg bieten Informationen über die neuesten Branchentrends und Technologien. Sie bieten auch Netzwerk- und Partnerschaftsmöglichkeiten, um Innovationen zu fördern.
4. **Ausbildungs- und Forschungseinrichtungen:** Einrichtungen wie die Filmuniversität Babelsberg Konrad Wolf oder das Medienboard Berlin-Brandenburg sind Vorreiter in der technologischen Forschung und können aktuelle Forschungsergebnisse bereitstellen. Sie unterstützen auch die Ausbildung von Mitarbeitern, um die Entwicklung notwendiger digitaler Fähigkeiten zu fördern.

5. **Öffentliche Förderprogramme:** Institutionen wie die Filmförderungsanstalt (FFA) oder Creative Europe Desk bieten Förderungen zur Unterstützung der Digitalisierung in der Kreativbranche. Diese können finanzielle Unterstützung, Beratung und andere Ressourcen bieten, um die digitale Transformation zu erleichtern.

6. **Online-Plattformen und -Kurse:** Diese Ressourcen bieten Zugang zu Schulungen und Informationen zu spezifischen Technologien und Trends, oft zu geringen Kosten oder sogar kostenlos. Sie ermöglichen es Teams, ihr Wissen und ihre Fähigkeiten zu erweitern und sich an die sich schnell verändernde digitale Landschaft anzupassen.

6.2   Komplexitätsbewältigung in der digitalen Transformation: Tipps und Tricks

Die Auseinandersetzung mit dem komplexen Thema der digitalen Transformation kann anfangs einschüchternd wirken. Aber keine Sorge, es gibt praktische Leitfäden und Tipps, die dazu dienen, den Einstieg zu erleichtern und die Komplexität zu bewältigen. Beachten Sie, dass es auch Branchenakteure gibt, die als Leuchttürme in diesem Prozess fungieren, indem sie ihre Erfahrungen und Kompetenzen teilen. Unternehmen wie das DCI Institute und die film::factory solutions können mit ihrer Expertise und Erfahrung in der digitalen Landschaft unterstützen. Sie können als Erstkontakt für die Vermittlung von weiterführenden Kontakten dienen. Die digitale Transformation kann durch die folgenden Schritte und Ressourcen vereinfacht und organisiert werden:

1. **Bildungsinitiativen:** Veranstalten Sie einen „Digital Transformation Discovery Day", um Mitarbeiter mit digitalen Technologien vertraut zu machen. Ermutigen Sie „digitale Pioniere" zur Erkundung neuer Technologien und identifizieren Sie „Digitale Champions", die als interne Befürworter der digitalen Transformation fungieren.

2. **Inspirierende Geschichten:** Teilen Sie Erfolgsgeschichten von Unternehmen, die bereits die digitale Transformation durchlaufen haben, um zu motivieren und eine Vision für die Zukunft zu vermitteln.

3. **Workshops und Webinare:** *Praxisorientierte Workshops* und Experten-Webinare können wertvolle Einblicke in digitale Tools und Technologien bieten und Denkanstöße für neue Ansätze liefern.

4. **Experimente:** Schaffen Sie Raum für *agile Experimente,* um neue digitale Lösungen zu testen und Herausforderungen zu identifizieren.
5. **Teambuilding-Aktivitäten:** Integrieren Sie digitale Elemente in *Teambuilding-Aktivitäten,* um den Teamgeist zu stärken und digitale Kompetenzen zu fördern.

Ziel ist es, ein inspirierendes Umfeld zu schaffen und die Mitarbeiter aktiv in den Prozess der digitalen Transformation einzubeziehen.

Schluss 7

Unsere Untersuchung der digitalen Transformation in der Filmindustrie hat aufgezeigt, dass dieser weitreichende Wandel sowohl die Struktur und Betriebsmodelle der Industrie als auch die kreativen Prozesse und Geschäftsmodelle grundlegend verändert. Er hat Auswirkungen auf alle Akteure – angefangen bei den Filmemachern über die Produzenten bis zum Publikum.

Organisationsberater Alexander Thul betont die Notwendigkeit, die Digitalisierung als umfassendes Projekt zu betrachten und zu steuern. René Jamm, Fernsehproduzent und Geschäftsführer, sieht tiefgreifende Auswirkungen der Transformation auf die Art und Weise, wie Inhalte produziert, verteilt und verwertet werden, und hebt die wachsende Rolle von KI und RPA hervor.

Zusammengefasst ist die digitale Transformation eine unumkehrbare Entwicklung, die sowohl neue Herausforderungen als auch Möglichkeiten bietet. Sie formt die Art und Weise, wie Filme und Fernsehshows produziert, vertrieben und konsumiert werden und durchbricht traditionelle Geschäftsmodelle und Wertschöpfungsketten.

Die digitale Transformation erfordert kulturelle und organisatorische Veränderungen und hat tiefgreifende Auswirkungen auf die gesamte Branche. Der Schlüssel liegt darin, zu identifizieren, welche Bereiche des eigenen Unternehmens am meisten davon profitieren könnten und dort den Anfang zu machen. Mit diesem Buch hoffen wir, dazu beigetragen zu haben, das Verständnis für

A. Sass, *Die digitale Transformation in der Filmindustrie*, essentials,
https://doi.org/10.1007/978-3-658-43258-4_7

diesen unvermeidbaren und tiefgreifenden Wandel in der Film- und Fernsehbranche zu fördern.

Der Fachblog zum Buch mit weiterführenden Informationen zum Thema:

www.digitalfilmeconomy.com

Was Sie aus diesem *essential* mitnehmen können

- Die digitale Transformation hat einen grundlegenden Wandel in der Filmindustrie ausgelöst, der Strukturen, Betriebsmodelle, kreative Prozesse und das Publikum selbst betrifft.
- Der Wettbewerbsdruck durch internationale Unternehmen wie Netflix und Amazon hat die lokalen Unternehmen dazu gezwungen, Veränderungen durch den Einsatz digitaler Technologien voranzutreiben.
- Die digitale Transformation ermöglicht eine vielfältige Verwertung von Inhalten auf verschiedenen Plattformen und passt sich den Bedürfnissen einer zunehmend mobilen und vernetzten Welt an.
- Innovative Technologien wie Künstliche Intelligenz, Augmented Reality/ Virtual Reality und Blockchain eröffnen neue Möglichkeiten zur Förderung der Kreativität in der Film- und Fernsehbranche.
- Die digitale Transformation erfordert eine Neugestaltung von Geschäftsmodellen und Wertschöpfungsketten, um den Anforderungen der digitalen Ära gerecht zu werden.

Literatur

Anderson, C., Schöbitz, B., & Vode, D. (2009). *Free – Kostenlos: Geschäftsmodelle für die Herausforderungen des Internets*. Campus.

Broliver. (10 Januar 2020). The Irishman auf Netflix: Video zeigt, wie Robert De Niro & Co. Verjüngt wurden. *Moviepilot*. https://www.moviepilot.de/news/the-irishman-auf-netflix-video-zeigt-wie-robert-de-niro-co-verjungt-wurden-1124264.

Brügner, H. (2015). *Management von Multiscreen-Kampagnen: Grundlagen, Organisation, Roadmap, Checklisten*. Springer Gabler.

Bünte, C. (2018). *Künstliche Intelligenz – Die Zukunft des Marketing: Ein praktischer Leitfaden für Marketing-Manager*. Springer Gabler. https://doi.org/10.1007/978-3-658-23319-8.

Dörr, S. (2020). *Praxisleitfaden Corporate Digital Responsibility: Unternehmerische Verantwortung und Nachhaltigkeitsmanagement im Digitalzeitalter*. Springer Gabler. https://doi.org/10.1007/978-3-662-60592-9.

Erich Pommer Institut. (29 September 2020). KI UND FILM Chancen und Herausforderungen künstlicher Intelligenz für die Medienindustrie. *media.think.tank 2020 – Konferenzdokumentation*. media.think.tank 2020. Potsdam.

Gentsch, P. (2018). *Künstliche Intelligenz für Sales, Marketing und Service: Mit AI und Bots zu einem Algorithmic Business: Konzepte, Technologien und Best Practices*. Springer Gabler. https://doi.org/10.1007/978-3-658-19147-4.

Geser, M.-E. (2014). *Strategieperspektiven für TV 2.0: Digitale Netzwerkmedien und ihre Auswirkungen auf Fernsehunternehmen*. Springer VS.

good!movies film. (2023). Tangerine L.A. *good!movies*. https://www.goodmovies.de/tangerine-l-a.html.

Hänisch, T. (Hrsg.). (2017). Grundlagen Industrie 4.0. In *Industrie 4.0: Wie cyberphysische Systeme die Arbeitswelt verändern*. Springer Gabler.

Heim, L. (2021). *Einfluss der Blockchain-Technologie auf Geschäftsmodelle: Entwicklung eines Vorgehensmodells am Beispiel von intermediären Akteuren* (1. Aufl.). Cuvillier Verlag.

Hess, T. (2019). *Digitale Transformation strategisch steuern: Vom Zufallstreffer zum systematischen Vorgehen*. Springer. https://doi.org/10.1007/978-3-658-24475-0.

Hoberg, A. (1999). *Film und Computer: Wie digitale Bilder den Spielfilm verändern*. Campus.

Izzo-Wagner, A. L., & Siering, L. M. (2020). *Kryptowährungen und geldwäscherechtliche Regulierung.* Springer Gabler. https://doi.org/10.1007/978-3-658-29981-1$feBook.

Kadner, N. (2019). *The virtual production field guide v1.3.* Epic Games. https://cdn2.unrealengine.com/vp-field-guide-v1-3-01-f0bce45b6319.pdf.

Keuper, F., Hamidian, K., Verwaayen, E., Kalinowski, T., & Kraijo, C. (Hrsg.). (2013). *Digitalisierung und Innovation: Planung, Entstehung, Entwicklungsperspektiven.* Springer-Gabler.

Kollmann, T. (2019). *E-Business: Grundlagen elektronischer Geschäftsprozesse in der digitalen Wirtschaft* (7., überarbeitete und erweiterte Aufl.). Springer Gabler.

Kumb, F. (2014). *Filmförderung und Subventionskontrolle in Deutschland.* Springer VS.

Landsiel, T. (30 Juni 2021). Virtual Production bei der Serie „The Mandalorian" – Der Gamechanger. *Film & TV Kamera.*

Mehler-Bicher, A., & Steiger, L. (2022). *Augmented Reality: Theorie und Praxis* (3. Aufl). De Gruyter Oldenbourg.

Mikos, L. (2015). *Film- und Fernsehanalyse* (3., überarbeitete und aktualisierte Aufl.). UVK.

moviecoin. (2023). *Website.* https://moviecoin.com.

Murschetz, P. (2019). *Die digitale Mediamorphose und der Wandel der traditionellen Massenmedien aus Sicht der Medienökonomie.* Springer Gabler. https://doi.org/10.1007/978-3-658-27965-3.

Paul, H., & Wollny, V. (2020). *Instrumente des strategischen Managements: Grundlagen und Anwendungen* (3., überarbeitete Aufl.). De Gruyter Oldenbourg.

PHI Studio. (10 August 2023). CARNE Y ARENA. *Website.* https://phi.ca/en/carne-y-arena/.

Reinheimer, S. (2018). *Cloud Computing: Die Infrastruktur der Digitalisierung* (Springer Fachmedien Wiesbaden, Hrsg.). Springer Vieweg.

Rossberger, R. (Hrsg.). (2019). Digitale Transformation: Kultur, Strategie und Technologie. In *Gestaltung und Management der digitalen Transformation: Ökonomische, kulturelle, gesellschaftliche und technologische Perspektiven.* Springer. https://doi.org/10.1007/978-3-658-24493-4.

Schaal, U. (2010). *Das strategische Management von Contentrechten: Schlüsselherausforderung für audiovisuelle Medienunternehmen* (A. Will, S. Jöckel, & F. Lobigs, Hrsg.; 1. Aufl.). VS Verlag.

Schallmo, D. (2016). *Jetzt digital transformieren: So gelingt die erfolgreiche digitale Transformation Ihres Geschäftsmodells.* Springer Gabler. https://doi.org/10.1007/978-3-658-14569-9.

Schmidt, U. (2005). *Professionelle Videotechnik: Analoge und digitale Grundlagen, Filmtechnik, Fernsehtechnik, HDTV, Kameras, Displays, Videorecorder, Produktion und Studiotechnik* (4., aktualisierte und erweiterte Aufl.). Springer.

Scholz, J. (2016). *Der Drehbuchautor: USA-Deutschland: Ein historischer Vergleich.* Transcript.

Schüller, J. (2015). *Innovationsmanagement für TV-Unternehmen: Implikationen crossmedialer Contentkreation für Organisation und Personalwirtschaft.* Springer Gabler.

Smeets, M., Erhard, R. U., & Kaußler, T. (2019). *Robotic Process Automation (RPA) in der Finanzwirtschaft: Technologie – Implementierung – Erfolgsfaktoren für Entscheider und Anwender.* Springer Gabler. https://doi.org/10.1007/978-3-658-26564-9.

Fabian Post

Film–
Herstellungsleitung

Eine Einführung in die Praxis

Springer VS

Jetzt bestellen:
link.springer.com/978-3-658-38374-9

Printed in the United States
by Baker & Taylor Publisher Services